zuckerwürfel

Gabriele Gran

zuckerwürfel

Ein zuckerwürfel ist Deine Zeit,
Du zur Versöhnung bist bereit.

Dein zuckerwürfel hat 6 Türen.
Durch 2 wird Gott Dich führen.

Durch 4 Türen kannst du alleine schreiten.
Einzig Du bittest, Gott möge Dich begleiten.

Ein zuckerwürfel ist Deine Zeit,
Du zur Versönung bist bereit.

Impressum

Bibliografische Information der Deutschen Nationalbiliothek: Die Deutsche Nationalbibliothek verzeichnet diese Publikation in der Deutschen Nationalbibliografie; detaillierte bibliografische Daten sind im Internet über dnb.dnb.de abrufbar.

© 2021 Gabriele Gran, D-25832 Tönning
www.gabriele-gran.de,
Mail: grangabriele24@googlemail.com
Titelfoto: Birger Bahlo, Schwabstedt
Herstellung und Verlag:
BoD – Books on Demand, Norderstedt,
ISBN: **9 783753 498294**

Widmung

Ohne Bahlo keine Bücher

Biografisches

Gabriele Gran, die Autorin der Bücher „Verliebt in Dich, „Jetaime – Liebenlohnt" und „Verliebt in mein Leben" wurde 1945 in Stendal bei Berlin geboren.

Ihre Großeltern stammen aus Polen, Österreich, der Tschechei und der Ukraine. Ihre multikulturellen Familienmitglieder stammen aus bzw. leben in den USA, Kanada, Neuseeland, Polen, Rumänien, Bulgarien, Ghana, Nigeria, Japan, Thailand, England und Deutschland.

In der Herzogstadt Celle besuchte Gabriele Gran die Kaiserin-Auguste-Viktoria-Schule. Mit dem Abitur schloss sie 1965 ihre Schulzeit ab. In Cambridge/England arbeitete sie als Au-pair-Mädchen. In Metz/Frankreich verbrachte sie Ferien in verschiedenen Ferienlagern (colonies de vacances).

An der Pädagogischen Hochschule Alfeld studierte Gabriele Gran Pädagogik, an der Universität Hildesheim Englisch und Französisch.

Die Autorin fühlt sich in allen Religionen zu Hause, falls GOTT = LIEBE gelehrt und vor allem gelebt wird.

Sie lebt in Tönning auf der Halbinsel Eiderstedt und in Port El Kantaoui/ Tunesien. In Tönning arbeitet Gabriele Gran für die Volkshochschule Husum/Tönning und erteilt Nachhilfe.
Das internationale Seabel Alhambra in Port El Kantaoui empfindet Gabriele Gran als ihr zweites Zuhause.

Glücksmosaik

Glücksmomente deines Lebens:
Heb sie alle auf!
Füge sie zusammen!
Welch riesiges Glücksmosaik
besitzt du am Ende deines Lebens!

adieu

meine letzten worte auf erden
es ist gut so alles wird gut werden
mein vorhang in dieser stunde senkt sich
ab heute lebe ich - wir sehen einander wieder -
sicher bin ich
bis dahin denk ich an dich
willst du mich sehn
schau zu den sternen ein stern wird bleiben
stehn
du wirst mich dir zuwinken sehn
du siehst mich
zu dir hinunter lächle ich
fühlen wirst du in der deinigen meine hand
gemeinsam gehn wir durch das erdenland
wir tun dies voller freud und wonne
bis sie aufwacht die liebe frau sonne
herr mond müde nun schlafen geht
einzig frau sonne am himmel steht
du bist niemals allein
wir sind stets zu zwein
so weine doch nicht
bin immer noch bei dir
wir sind für immer wir

herr mond wacht auf es leuchten die sterne
schau wieder zum himmel hab dies so gerne
ich nicht aussprach die worte ICH LIEBE DICH
dies war dein joch
sag es dir heute ich liebte dich immer und ich
liebe dich noch…
à Dieu = frz. Bei Gott

loslassen

wusstest du es es schon
dein kind ist wie ein bunter luftballon
es will in richtung himmel fliegen
immer höher und am ende siegen
das schönste und das beste sein
mal im wind schaukeln mal verweilen im
sonnenschein
am anfang halt die leine noch ein wenig fest
ja wenn es jung ist ist es für dein kind
allerbest
vertraue der himmlische wind wird es ganz
sicher tragen
ja dies wollte ich dir schon immer sagen
es gehört zum leben
mal stolpern mal hinfallen mal aufstehen
danach wieder schweben
lass die leine endlich los
dein kind ist nicht mehr kleinkind es ist schon
groß
und was ich dir am schluss
noch unbedingt! sagen muss
liebe auch du was dein kind liebt
dies ist der einzige weg sich dein kind im
lebensglück wiegt...

gleichgewicht

das ist so eine geschicht
die geschicht vom gleichgewicht
wirst du zu tief ins glas schauen
kann niemand mehr auf dich bauen
nur etwas daran nippen
kannst nicht umkippen
die moral von der geschicht
etwas nippen behältst dein gleichgewicht

Zeit

Der Zeiger meiner Uhr, vorwärts er geht.
Dennoch die Zeit, sie steht.
Der Zeiger meiner Uhr geht Runde für Runde.
Dennoch die Zeit, sie steht, Stunde für
Stunde.
Die Zeit , sie steht.
Der Mensch vergeht.
Wir wollen hierüber nicht sprechen, es nicht
wissen,
bis wir einschlafen dürfen auf unserem Kissen.
Wir irren, wie ist doch die Zeit vergangen.
Wir behaupten es, weil wir vor unserer letzten
Erdenstunde bangen.
Die Zeit, sie steht, einzig der Zeiger meiner
Uhr geht...

FREUND

FREUND, er trägt das Kleid der Ehrlichkeit.

BEWAHRE ihn dir sicher zu jeder Tageszeit.

FREUND, er dich umarmt und tröstet dich.
LIEBE ihn gleichermaßen wie dein eigenes Ich.

FREUND, er dich wärmt, wenn dir kalt ist.
WÄRME auch du ihn, du dann stärker bist.

FREUND, er dir leuchtet, die Sonne ist nicht
am scheinen.

LEUCHTE auch du ihm, seine Augen voller
Tränen am weinen.

FREUND, er dir täglich seine Güte beweist.
DANKE ihm hörbar, bis du in die Ewigkeit reist.

luftnotgeschichte

heute ich dir berichte
von meiner luftnotgeschichte
wovon ich dir erzähle
ich diese nicht auswähle

sitze gerade am frühstückstisch
fühle mich fröhlich und frisch
genieße tee brot manchmal 1 stück kuchen
stehe auf um die kondensmilch zu suchen

es wandert zum fenster noch ruhig mein blick
sehe meine nachbarn gehen zum auto und
zurück
tragen schwere Koffer und auch eine tasche
haben in der hand einen korb für jeden eine
trinkflasche

schliesslich setzen sie sich in ihr auto
sie fahren wohin sind nun wo
lies weiter das ist mein schmerz
ein einengender faden wickelt sich um mein
herz

sie fahren fort
an unbekannten Ort
lassen mich zurück
lächle künstlich dies ist nicht mein glück

ich winke sie sind längst um die ecke
ich irre ich nun so alleine verrecke
das ist sie meine luftnotgeschicht
wie oft schreibe ich noch so einen bericht...

nur

geliebt- erfreut wurden wir durch die natur
nur
wir traten diese mit unseren füßen
schlugen sie mit müll auf blumenwiesen
es quälten sich die schönsten blumen durch
unseren abfall und dreck
vieles hätten wir noch gebrauchen können
warfen dieses achtlos weg
nun ist sie müde die mutternatur
nur
einer könnte uns helfen verzeihen noch einmal
eine Chance geben
nur
einer
es ist er der uns schenkte uns unser leben

Flügel

Mein Gedanke, Du darfst tagelang nicht aus
deinem Haus gehen.
Dies bedeutet für mich eine Ewigkeit kann ich
Dich nicht sehen?

Erstarre vor Schreck.
Die Luft bleibt mir weg.
Mein Atem bleibt stehn.
Gibt es kein Wiedersehn?
Fühle, gelähmt seien meine Beine.
Leide, ich bliebe für immer alleine.
Verlassen von Dir, meinem Leben.
Werde nie mehr können schweben.
Richtungslos nur durch die Gegend wandern.
Ziellos hin und her von einem Ort zum andern.

Während dieser unendlichen Zeit spiele ich
Mitmenschen Fröhlichkeit vor.
Alle Bälle ich finge, zielte sie wirklich alle hinein
in das Tor...
Jede Sekunde mühe ich mich ab mit dem
Schauspiel der Fröhlichkeit.
Sie steht still diese grauenhaft schmerzende
Zeit!

Kaum noch halte ich dies aus.!
Gehe kaum noch aus meinem Haus!

Himmel hilf, ich bin nicht mehr die gleiche.
Taumle, stolpre, lebe schon Leiche.

Ob ich doch noch einmal schweben kann?
Fängt vielleicht doch noch ein einziges-mal mein
Leben an?
Frage immer das gleiche, ich rufe.
Falle ich immer tiefe, Stufe für Stufe?

Dies akzeptiere ich nicht, nein ich will mit Dir
weiterleben.
Bitte, großer Gott, dürfte ich noch ein einziges
Mal schweben?
Verspreche dir, nie mehr werde ich dir diese,
meine einzige Bitte vortragen.
Nie mehr werde ich diese Worte zu dir sagen.

Halte das nicht mehr aus.
Warum darf sie, meine Lebensliebe, nicht aus
ihrem Haus?
Oh guter Gott, du hast doch alle Macht auf
Erden!
Bitte, bitte so tu etwas, was soll sonst aus mir
werden?
Hier fühle ich plötzlich eine Veränderung in mir.

Höre eine mich beruhigende Stimme ganz ganz
nahe hier.

„Hast du vergessen?
Deine Seele hat doch schon immer Flügel
besessen.
So flieg doch zu der Seinigen.
Nichts mehr wird dich schmerzen, ja peinigen."

Na klar, hatte meine Flügel wirklich vergessen.
Habe sie doch schon immer besessen!
Ich spannte sie auf.
Setzte mich hierauf.
Flog hin zu dir.
Ganz nah bist du jetzt bei mir.

Aller Schmerz ist vergangen.
Lieder wir beide singen, wir immer schon sangen.
Kann wieder leben.
Kann wieder schweben.
Nichts und Niemand wird mir jemals zufügen
können schmerzende Hiebe.
Deine und meine, eine einzige Seele, für immer
und ewig vereint in göttlicher Liebe…

Gabriele Gran am Montag,
den 16. November 2020 um 6 Uhr
Tönning, Deutschland
(Corona in der ganzen Welt)

Handynummer

Nachdem ich Seite für Seite von
"zuckerwürfel" durchgeackert hatte,
erreichte ich die letzte Seite?
Nein, so war es eben nicht.
Plötzlich hieß der Titel: "Trotzdemverliebt".
Erst hier fiel mir wieder ein, ich hatte ja noch
ein weiteres Buch geschrieben.
Meine gesammelten Werke von Buch 5
„zuckerwürfel" hatte ich einfach auf die
Manuskripte von Buch 4" Trotzdemverliebt" im
Ordner Blatt für Blatt aufeinander gefügt.
Folglich hatte ich also erst mein 5. Buch
durchgeackert.
Und nun?
Du irrst, wenn Du glaubst, es sei unwichtig Dir
dies zu erzählen.
Ich muss es Dir einfach erzählen, denn an
diesem Tag geschah mit mir noch etwas
Grausamschönes.
Jetzt bist Du neugierig geworden?
O.k.
Du bist interessiert geworden, Dir die
Fortsetzung meiner Dir so langweilig
erscheinenden Geschichte zu hören?

Erscheinenden, ja hier scheint es nur Schein zu sein.

Im "zuckerwürfel" habe ich den Tod meines allerbesten verheirateten Freundes verarbeitet.

Nöl nicht rum, ja, er war verheiratet.

Na und ?

ICH war mit diesem Typ verheiratet.

Nun findest Du gar nicht mehr durch, oder?

Also, der Mann, mit dem ich verheiratet war, war mein allerbester Freund.

Nicht bequem, das war er ja gerade.

Nein, er war nicht bequem.

Und er raspelte kein Süßholz.

Gestehe aber heute, dies fehlte mir von Zeit zu Zeit.

Wer braucht nicht auch mal Süßes in seinem Leben.

Nun aber zurück, zu dem, was ich Dir eigentlich erzählen möchte:

Also, ich fühlte mich nach dem Lesen der vielen Texten aus "zuckerwürfel" fröhlich wie immer?

Ich vielleicht- aber nicht mein ICH.

Über mein ICH schob sich langsam aber sicher eine große tiefschwarze Wolke.

Diese umhüllte mich.

Drang aber noch nicht in meine Gefühlswelt.

Du fragst mich, was an dieser Geschichte, die eine Tatsache ist, spannend sein soll?
Sei nicht so ungeduldig.
Lies einfach weiter.
Und murmle nicht dazwischen, wie ich es stets ungeduldig tue, wenn mir jemand etwas erzählt.
Also zurück zu meiner Erzählung:
Mir kam nach dieser Ackerei mit den zuckerwürfeltexten noch in den Sinn, ich wolle den Sohn meines verheirateten Mannes anrufen.
Warum?
Er hatte an diesem Tag Geburtstag.
Also wählte ich seine Handynummer.
Wir plauderten wie stets sehr nett miteinander.
„Bis bald" rief er noch durch den Hörer.
„Ja bis bald" grüßte ich zurück.

Du quatscht ja schon wieder dazwischen.
Bleib wenigstens Du jetzt ganz ruhig.
Ich war es nun nicht mehr.

Stundenlang die Texte aus "zuckerwürfel" durchackern.
Hiernach die Stimme des Sohnes meines verheirateten Freundes hören.

Fühlte plötzlich Luftnot.

Weinte.

Meine Spucke blieb plötzlich weg.

Ausgetrocknet mein Hals

Gestehe ich schrie innerlich.

Glauben, auf keinen Fall wollte ich das glauben.

Nein! Nein! Und nochmal NEIN!

Akzeptieren, mein allerbester Freund sei tot?

Niemals!

Mein verheirateter Freund sei tot?

Fordernd brüllte ich.

Mein verheirateter Freund solle sofort zurückkommen zu mir.

Forderte die vergangene Zeit zurück.

Sofort!

Auf der Stelle!

Forderte, mein Enkelsohn solle wieder bei mir wohnen.

3 verschiedene Nachnamen hatten wir zwar anfangs, so waren wir aber doch eine Familie!

Mein Verstand erklärte: "NEIN!"

Mein Gefühl brüllte: "JA"

Verstand und Gefühl stritten miteinander lautstark.

Verstand und Gefühl prügelten und würgten einander.

Dieses Würgegefühl schien mich umzubringen.

Diese Luftnot.
Diese verdammte!!! Luftnot.

Es irrt der Mensch, solang er lebt.
So schnell erstickt man nicht.
Was tun, wer könnte meine Situation
beruhigen?
Schließlich war ich doch allein, einsam,
verlassen in dieser Welt!
War ich das wirklich?
War meine gefühlte Wirklichkeit = Realität?

Nein! Hier irrte ich schon wieder.
Plötzlich erklang eine Stimme, eine
wunderschöne Stimme.
Du möchtest wissen was sie zu mir sprach?

Ruf mich an in Deiner Not!
Meine Handynummer ist Römer 12:12!
...und ich tippte Römer 12:12...

Wenn du wüsst,

wie oft ich dein Bild geküsst.

Gut, dieses niemand erfährt.
Erzähle es niemandem, so niemand ES hört.

Du bist die Liebe meines Lebens.
Gegenwärtig lebt sie in mir, ich wartete nicht
vergebens.

Du bist meines Lebens Licht.
Möge es ewig leuchten, mehr wünsche ich mir
nicht.

Liebschaften

Liebschaften sind gefährlich.
Liebschaften sind nicht ehrlich.

Liebschaften sind ein Traum.
Liebschaften sind nur Schaum.

Liebschaften – sie lügen.
Liebschaften- sie betrügen.

Liebschaften bunt aufgetischt:
...wahre Liebe war: ERLISCHT...

kraft

verabschiede mich – kuschelnd an dich
umarmt von dir – geborgen fühle ich mich

dieser kurzer augenblick stärkt mein ich
meine täglichen sorgen verlassen mich

deine und meine wärme vermischen sich
trost und ruhe wohnen nun in meinem ich

dieser moment verändert tägliches leben
zeit – nicht die eile hat uns Gott gegeben

ruhe schöpfe ich hieraus und auch mut
kein medikament auf der welt tut so gut

unsere wärme ver-wandelt sich in kraft -
Gott als partner der mensch alles schafft

Einzig

Wichtig ist einzig, Gott v o n uns denkt.
Er ist es, der uns hat unser Leben geschenkt.

Bedeutsam ist einzig, Gott ü b e r uns denkt.
Er ist es, der Tag für Tag unser Leben lenkt.

Behutsam ist einzig, Gott für uns tut.
Er ist es, der uns gibt täglich frischen Mut.

Hilfreich ist einzig, Gott zu uns steht.
Er ist es, der jeden Schritt mit uns geht.

Sicher ist einzig, Gott uns begleitet.
Er ist es, der niemals mit uns stritt oder
streitet.

Tröstend ist einzig, Gott uns hilft in größter
Not.
Er ist es, der uns gibt unser täglich Brot.

Beruhigend ist einzig , Gott uns reicht seine
Hand.
Er ist es, der uns den Weg weist, wir uns nicht
verirren im Land.

Stützend ist einzig, Gott uns liebt ohne wenn
und aber.
Er allein ist es , der Wort hält ganz ohne
Geplapper – Gelaber.

Entscheidend sind einzig wir, Gott uns den
ersehnten Weltfrieden sendet:
Jeder einzelne ist es, Gottes Liebe leben muss,
sich an einzig an ihn wendet.

Allerbest

Du Mensch, Du sollst es dir in Deinem Elend
nicht gemütlich machen!
Deine Mitmenschen heucheln Mitleid!
In Wirklichkeit sie über Dich spotten und
lachen!
Suhle Dich nicht weiterhin in Deinem bereits
kranken Herzen!
GRÖßER und GRÖßER wachsen Deine Dich
stechenden Schmerzen!
Steh` ENDLICH auf, nimm DU Dein Steuer in
Deine Hand ganz fest!
Du mit GOTT als Deinen Partner bedeutet:
Dein Leben wird Dir gelingen ALLERBEST!!!

Sternstundenzeit

Wache. auf, es beginnt mein Tageslauf...

Es ist wieder Sonntag, 2 Stunden der Sterne.
Sie sind mir die Liebsten, habe sie so gerne.

Am Vorabend in Gedanken besuchst Du mich.
Kann kaum einschlafen, denk` einzig an Dich.

Irgendwann schlafe ich ein.
Träume, wir wären zu zwein.

Was diese 2 Sternstunden aus mir machen.
Lächle Dich an, kann wieder lauthals lachen.

Dir, mein Freund Danke für die 2 Stunden pro
Woche.
Auf manch weitere Sternstunde mit Dir ich
fest hoffe.

Danke, mein Freund, für unsere
Sternstundenzeit:
Möge sie weiterleben bis in all unsere
Ewigkeit...

Mix

Schmollen und Grollen.
Ist dies was wir wollen?
Lieben ist, was wir sollen!

Niemanden lasst uns verhöhnen.
Miteinander lasst uns versöhnen.
Einander versöhnlich die Hand geben.
Versöhnung beDEUTET wahres Leben.

Fingernägelkauen

Der Mensch an seinen Fingernägeln nagt,
Dieser wird von seinen Sorgen arg geplagt.

Negatives ist in seinem Leben geschehen.
Positives kann er somit kaum noch sehen.

Fingernägel nagen, er sich selbst zerstört.
Seine Umwelt er hiermit niemals betört.

Noch ein vermeintlich Grund fürs Nägelkauen:
Er irrt, er selbst könnt nicht auf sich bauen.

Ermutigend lächle ich diesem Menschen zu:
Schaust Du zum Himmel, bekommst Du Ruh.

Ändere Du Dein falsches Denken:
So wird GOTT Frieden schenken.

Friedlich wird Dein Leben weitergehn,
Und Deine Fingernägel wachsen schön.

Die Brosche

Es war einmal.
So fangen die meisten Märchen ein.
Meine Geschichte ist kein Märchen, sie ist
wahr, weil sie eben wirklich so war.
Märchenhaft möchte ich dennoch meine wahre
Geschichte beginnen.
Es waren einmal 2 Buben.
Der eine hieß Kurt und der andere hieß Werner.
Sie waren Brüder.
Kurt und Werner lebten mit ihrer großen
Schwester Gertrud, die in Wirklichkeit klein
war, und ihren Eltern in einer gemütlichen
Altbauwohnung,
Deren Vater hieß Arnold, deren Mutter hieß
Adelheid.
Ihre Mutter hatte den Spitznamen Anka.
Ich wunderte mich damals, wieso ein Name
spitz sein kann.
Na ja, man muss ja nicht alles wissen.
Weiß doch der Kuckuck warum.
Aber wahrscheinlich weiss dieser dies auch
nicht.
Ist ja auch nicht so wichtig.
Also, nun erzähle ich erst einmal weiter.

Von Zeit zu Zeit war die Freude in dieser Familie besonders groß!

Nämlich immer dann, wenn zwei alte Tanten aus Süddeutschland ihren Besuch ankündigten.

Mutter Adelheid kochte dann immer den leckeren Barscht, bereitete die köstlichen Haluschki vor, brutzelte, backte was das Zeug hielt.

Bei Vater Arnold kam verhaltene Freude auf.

Einen langen, sorgfältig handgeschriebenen Einkaufszettel drückte ihm Mutter Anka in die Hand.

Was er nur alles einkaufen sollte!

Auf keinen Fall durfte Vater Arnold das gute Gersterbrot vergessen.

Ach ja, ich muss ja noch erwähnen.

Vater Arnold,Mutter Adelheid ,Kurt, Werner und Gertrud lebten im 3. Stockwerk.

Nun, Vater Arnold schwieg sich aus, wie es in dieser Familie hieß, wenn jemand kaum antwortete.

Schließlich und endlich war alles eingekauft, was Mutter Anka ihm aufgeschrieben hatte.

In der Zwischenzeit hatte Mutter Anka die Wohnung geräumt, wie sie sie es nannte.

Mit räumen meinte sie stets aufräumen.

Der große Tag kam.

Die Buben waren fein angezogen.

Zur Feier des Tages trugen sie ihre von Vater Arnold noch einmal frisch gebügelten Hosen.

Gertrud trug ihr schönstes Kleid.

Das mit dem weißen Bubikragen.

Ach ja, und die weißen Kniestrümpfe nicht zu vergessen.

Es klingelte an der Haustür.

Vater Arnold drückte auf den Summerknopf.

Die Tanten lehnten sich gegen die Haustür, und schwupp di wupp konnten sie eintreten.

Vater Arnold ging ihnen entgegen, Mutter Adelheid rief über die Treppenbrüstung vor Freude:

„Viktoria! Helene!"

Mutter Adelheid strahlte über ihr ganzes Gesicht.

Die Sonne allein hätte nicht heller leuchten können.

Kurt und Werner hielten einander ganz fest an der Hand.

Sie blickten entschlussfreudig einander an.

Hier waren sie sich einig wie sonst nie.

Sie ahnten es würde geschehen wie immer, wenn die Tanten zu Besuch kämen.

Ihr Herz klopfte ganz schön doll.

Schließlich gehörte zu ihrem schon oft geprobten Vorhaben Mut.

Immer lauter drangen die Schritte auf den Treppenstufen zu Ihren Ohren hinauf.

Bald müssten Tante Viktoria und Tante Helene vor der Wohnungstür stehen.

Und dann ginge das wieder von vorne los.

Das, was sie beide überhaupt nicht ausstehen konnten.

Jetzt war der entscheidende Augenblick gekommen.

Der Augenblick vor dem ihnen so sehr gruselte.

Der Druck ihrer beiden kleinen Kinderhände wurde stärker.

Tante Viktoria und Tante Helene waren oben angekommen.

Beide traten in die Wohnung ein.

Sie lächelten Kurt und Werner überglücklich an.

Wollten sie gerade umarmen.

Jedoch erstens kommt es anders,

zweitens als man denkt.

Mit einem Riesensatz schmissen sich Kurt und Werner auf den Fußboden.

In Windeseile robbten sie gegenüber durch die vorher geöffnete Schlafzimmertür unter die Betten.

Gerettet!

Wovor?

Gute Frage.

Tante Viktoria und Tante Helene trugen wunderschöne Kleider.

Beide hatten einen Atombusen.

Und an diesen steckte eine ...

einen

wir haben verschiedene gesichter
aber einen einzigen gemeinsamen Gott

wandlung

meine seelenhälfte war bereits tot
die deinige holte sie aus ihrer not
seitdem sie zu ihr ist geeilt
leidet sie nicht mehr: ist geheilt
mein jumeau sich verwandelt hat in meinem
blick
schaue nach vorn nicht mehr zurück
mir dies wird bringen glück?

bleiben

jetzt bist du hier
bei mir
die tür steht offen
kann hoffen
worauf
du bleibst hier
bei mir
fortgehst nimmer
bleibst für immer…

lächeln

lächeln
erzählt
ihre geschichte

brennen
selbst musst du brennen um andere anzünden
zu können

gemeinsameseele

nicht ich verhehle,
uns vereint eine gemeinsame Seele.
die deinige ist ein teil von mir.
die meinige ist ein teil von dir.
mein leiden ist tot, zu ende.
spüre deine mich wärmende hände.
gewinne täglich durch dich mut.
fühle mich täglich stärker, tust mir gut.
erreiche alles, wovor mir war früher angst und
bange.
die jahre mit dir glücklich, lebe mit dir schon
so lange.
von jeglichem druck meines früheren
amlebensein geschieden.
feire mein leben, von jeglichem schmerz
gemieden.
meine sorgen, die dunkle erde hat verschluckt
mein altes leben.
verschluckt für ewig, sie öffnete sich, war ein
beben.
frisches leben ist ein ständiges schweben.
fortgeflogen all mein joch, all mein schmerz.
kann wieder tief durchatmen, befreit ist mein
herz.

flattere durch die lüfte wie ein farbenfroher
schmetterling.
an meiner rechten Hand einzig für dich und
mich sichtbar ein güldener ring.
du bist der jumeau meiner seele.
nicht ich verhehle...

Postkasten?

Heule vor Glück, weil es Dich gibt.
Niemals hab ich jemanden so geliebt.

Weil es Dich gibt, heule ich vor Glück.
Niemals möchte ich in mein altes Leben zurück.

Nun kann ich vor Tränen meine Tastatur kaum
noch sehen.
Großer Gott, wen hast Du mir gesandt, was ist
bloß geschehen.

Wusste nicht ein noch aus.
Alles wollte man mir nehmen, hatte nicht mehr
ein Zuhaus.

So sitz ich hier.
Danke Großer Gott immer wieder Dir.

Wem denn sonst, Du bist, der sandte Deinen
Himmelsboten mir.
Großer Gott, dieser Brief ist für Dich!
bestimmt.So schreib ich es immer wieder Dir.

Frage mich, wo ich einen Briefkasten Anschrift
GOTT auf Erden find ich.
In welchem Adressbuch müsste ich suchen
Dich?

Ach, mein-e Ge-danken kommen ja auch ohne
Briefmarken und Briefumschlag an.
Du wusstest schon ganz lange, warum Du mir
sandtest zur Hilfe diesen Himmelsboten –
diesen wundervollen Mann.

Du-Ein-samkeit 11.10.20 9.13 Uhr

Du- Einsamkeit , lass uns heute feiern!
Was?
Dein Sein!
Warum?
Du-Einsamkeit, warst Du einzig Schein?
Wieso?
Du-Einsamkeit , ich kann Dich nicht mehr
spüren.
Was möchtest Du?
Du-Einsamkeit, lass mich anziehen ein einziges
Mal Deine Schuh!
Nein! Niemals! Vergiss nie, wie grauenvoll hast
gelitten Du!

Du-Einsamkeit

Ich: Hi, Einsamkeit, lass uns feiern nun.
Du: Was?
Ich: Unsere Kommunikation.
Du: Worüber?
Wollen wir kommunizieren.
Ich: Über Dich.
Will Dich sehen, und auch spüren.
Du: Wie?
Ich: Lass mich noch einmal anziehen Deine
Schuh.
Du: Nein! Niemals!
Vergiss nie, was Du hast gelitten, Du!

kalt

zittre – mir ist kalt
hoffe wirst mich trösten bald
warte seit geraumer zeit auf dich
muss weiter aushalten mein ich
ein ganzes jahr ist bereits vergangen
du bist nicht hier- muss nicht bangen
dennoch müsste ich bangen um dich
luft tiefer holen könnte mein ich
bin gewiss es geht dir gut
gibt mir mut
weiter zu leben ohne hut
behütet hast stets du mich
hierfür liebe ich dich
du fehlst mir
sag es ganz leise dir
bin sicher du hörst mich
bin sicher ich höre dich
es ist still im raum höre nur das ticken der
alten wanduhr
nur
zittre - mir ist so kalt...

Mix

war – wahr

was ist wird wahr, falls es war.
was ist wird wahr, wenn es war.

wahr ist was war.

Sein ist Sichtweise,
Die (Art) Weise wie du etwas siehst.
Dies wird erst wahr, nachdem (wenn) (falls) es
war.

gemeinsames eigentum
gem- einsames- eigen- tum

gegenwart – sichtweise
vergangenheit – wahrheit
zukunft – rätsel

Falscherverdacht

Was war mit Dir geschehen?
Wie hattest Du mich angesehen?

Als ein Fremder, nicht als mein Freund,
erschienst Du mir.
Unhörbar für Dich fragte ich, was war
geschehen mit Dir?

Fast versteinert, mal bleich, mal errötend Dein
Gesicht.
Hilfe, mein Himmelsbote, bisher kannte ich
Dich so nicht.

Verstand nicht Deine von Dir wiederholte und
wiederholte Frage.
Grübelte, dennoch wusste nicht, ich Dir
antworten sollte, ja sage.

Was hatte Dich zutiefst bewegt, ja gerührt?
Was hatte Dich so traurig zu mir geführt???

Bewegend, welcher Grund hatte Dich zu diesem
mich ratlos machendem Verstummen bewogen?
Hatte ich Dir immer wieder gesagt, ja
bewiesen, ich Dich liebe, Dich niemals belogen!

Stets meine ich es gut, spreche aus der Worte
herrlich.
Bin und bleibe Dir stets dankbar, aufrichtig, ja
ehrlich!

Stand kurz davor Dir À Dieu zu sagen, fühlte
meine nahenden Tränen.
Niemand hätte mich dazu bewegen können,
mich für diese zu schämen.

Gott ist die Liebe, ihm sei gedankt, er hielt
mich, meine Tränen, zurück.
Gott sei hier immer wieder gedankt, Gott ist
unser gemeinsames Glück.

Wir werden gemeinsam weiterarbeiten, von
Gott = Liebe niemals gerügt.
Er ist es, der uns hat für unser Projekt = ES
am 17.2.17 zusammengefügt.

Versöhnung

Eines der wichtigsten Lebewesen ist
GOTTeskind.
Es ist so beweglich und erfrischend wie der
Wind.

Es kommt zu uns Menschen, steht niemals still.
Es verändert uns Menschen, ist unser freier
Will.

Wie heisst dieses Lebewesen , dies fragst Du
mich?
Gerne sag ich es dir, es verändert auch mein
Ich.

Wie heisst Gott=Liebe, also der Liebe Kind?
Es heisst Ver-SOeHN-ung, erfrischt wie der
Wind.

Einzig die Versöhnung lässt aufleben unsere
positive Erinnerung.
Unsere Versöhnung ist es, die gibt uns frischen
Lebensanschwung.

Nie mehr hasse ich, sondern Liebe lebe ich.
Wir vergeben einander, leben und sprechen
„Ich liebe Dich"

Mix

Entscheide nie du aufgeregt
Ruh dich erst aus
Dein Ärger sich inzwischen legt

Entscheide nie nach Aufregung
Ne Mütze Schlaf schenkt Beruhigung

Widerstand

In Israel bin ich.

Am Toten Meer.

Es ist totenstill.

Nichts höre ich.

Nicht einmal meinen Tinnitus.

1 Woche Ein Gedi,Israel.

Stimmt nicht.

Es sind nur 6 Tage.

6 Tage zuviel?

Hoffe nicht.

Dita entdecke ich.

Sie spaziert auf einem Plateau hin und her.

Dita ist Dänin.

Woher ich das weiss?

Habe sie gefragt.

Dita malt.

Fast fertig ist ihr Bild.

Dita malt ihren eigenen Blick aufs Tote Meer.

Dita verändert hierbei Realitäten.

Den hohen Sandberg lässt sie weg.

Vielleicht ist es ein Steinberg.

So genau kann ich das nicht erkennen.

Bin kurzsichtig.

Dita mag nichts, was in ihrem Weg steht.

Also malt sie es erst gar nicht.

Wer mag das schon?

Einfach so weglassen?

Versuchen wir das nicht alle?

Jeder einzelne von uns?

Einfach so tun, als ob das nicht so wäre, wie das ist.

Warum eigentlich?

Wozu eigentlich?

Mir kommt in den Sinn, ich mache das auch gerade so.

Hierfür erhalte ich die Quittung.

Huste und pruste .

Höre meine gottselige Mutter sagen:

Du hustest wie aus einer Kanone.

Husten kann man auch Anbellen nennen.

Belle meine Situation an.

Will meine gegenwärtige Situation nicht akzeptieren.

Will nicht, dass sie so ist, wie sie ist.

Stechende Schmerzen sendet mir mein Ischias.

Ein Zeichen, ich möge mich entspannen.

Die Spannung aus meinem Körper lassen.

Falls nicht, würde er mich weiter piesaken.

Was will ich nicht?

Wogegen stemme ich mich?

Was will ich nicht zu-lassen?

Dabei ist es schon längst geschehen.

Also Tatsache.

Nichts ist mehr zu ändern.

Kann man auch Fakt nennen.

Mein allerbester Freund ist durch die wunderschöne Tür gegangen.

Protestiere

Melde Protest an.

Bei wem?

Bei dem der ihn gerufen hat.

Der mit der größten Macht.

Mein allerbester Freund war unbequem.

Seinen Standpunkt änderte er nie.

1998 schrieb ich" Festhalten".

Er hielt einmal Gesagtes fest.

So und nicht anders.

Sein Handeln war berechenbar.

Unbequem war das.

Jedoch es gab mir Sicherheit.

Ich huste und huste.

Irre ich würde kaputtgehen.

Diese verdammte schöne Tür.

Ich stemme mich gegen sie.

Ich will sie „aufkriegen",

Vergeblich!

Die wunderschöne Tür leistet Widerstand.

Oder ich?

In Israel bin ich.

Ich sitze am Toten Meer.

Es ist totenstill.

Dita hat schon längst ihre Malutensilien
zusammengepackt.

Dita ist nicht mehr hier.

Dita ist fort.

Ich weiß nicht wohin.

Es ist totenstill.

Totenstill?

Nein, das stimmt so nicht.

Erblicke eine buntgefiederte Taube.

Spaziert mir über den Weg.

Es ist nicht totenstill.

Mein allerbester Freund ist nicht tot.

Verstehe nicht, was die Taube mir erzählt.

Fühle, die Taube strahlt Ruhe aus.

Hierdurch spricht sie zu mir.

Protest in mir schrumpft.

Widerstand löst sich auf.

Der Tod ist kein Widerstand.

Weglassen könnte ich ihn, wenn ich ein Bild
malte.

Könnte es so wie Dita machen.

Das Leben ist kein Bild.

Der Tod ist kein Widerstand.

Der Tod ist nicht widerlich.

Der Tod ist eine wunderschöne Tür.
An diese Tür lehne ich mich an.
Lehne mich so an meinen allerbesten Freund.
Gut tut mir das.
Fühle die Güte meines allerbesten Freundes.
Der vermeintliche Widerstand verwandelt sich.
Verwandelt sich in Frieden.
Ein Gedi, Israel, im Januar 2020

Vergeigen

Du Mensch, der du selten positiven Gefühle
zeigst,
nicht bemerkst, einen Teil deines Leben
vergeigst.

Schönstes des Lebens hinter der Fassade
versteckst,
so Missverständnisse in mir dem Gegenüber
weckst.

Du Gutes wolltest hier bewirken in
Wirklichkeit,
hieraus entsteht mein Aufstoßen zu dieser
Zeit.

Übelkeit entsteht nicht durch verdorbenem
Magen,
Nein, ich will dir Mensch, etwas ganz anderes
sagen:

Mags sein, hier mögest du aus Fürsorge
sprechen,
jedoch mein Lieber, du bist am REGELN
brechen.

Um es noch deutlicher zu sagen:
Hättest mich MÜSSEN! fragen!.

Ich wollte diese Änderung nicht.
Man vorher bitte mit MIR spricht.

Sichtbarmachen alter Geschicht,
für mein Herz hat hoch Gewicht.

Unsichtbar war unabänderbarer Mist gewesen.
Werde versucht wieder die alten Geschichten
zu lesen.

Schrott könnte wieder zurückholen Leben, ich
vergessen wollte.
Mich besser einzig neuer verliebter Gegenwart
erfreuen sollte!

Schon hatte ich über seinerzeit empfundenes
Unglück gelacht.
Dein Eingriff, ungefragt, em-p-finde ich: Hier
übst Du Macht!

Die Zeiten haben sich sehr geändert und so
auch ich!
Nie!! lasse ich Macht mehr zu, dennoch liebe
ich Dich.

Wir rauschen durch unser Leben, sind wie der Wind.
Verblüht ist schon das Leben von einem, meinem Kind.

Es ist schon spät, ja für mich ist schon Herbst.
Es fallen ein paar Blätter, Du Dir bitte merkst:

„Bei allem Tun, MEIN Leben betrifft, Du mich zukünftig solltest fragen:
Du gemäß MEINER Entscheidung handelst, werde ich nicht mehr klagen!

Götterfunke

Menschen mich beleidigen, auslachen.
Frage mich, was soll ich nun machen?

Menschen mich bespucken, schlagen.
Frage mich, was soll ich hierzu sagen?

Menschen mich treten, mich wegjagen.
Frage mich, wie soll ich mich betragen?

Nicht grüble und nicht unke...
In jedem leuchtet ein Götterfunke...

1. Himmelsgeburtstag

Egal, was jeder andere Mensch denken mag,

heute feiere ich Werners 1. Himmelsgeburtstag!

Ein ganzes Jahr heut ist nun her,

Werner lebt auf Erden nicht mehr.

Ein fröhliches Jahr, ganz ohne Schmerzen,

Hierüber freue ich mich von ganzem Herzen!

Kann wieder seine große Liebe Renate umarmen,

Dank gebührt unserem gütigen Gott, seinem Erbarmen.

Mutter Grete freut sich mit ihrem geliebten Sohn.

Hat jemals man erlebt auf Erden so eine Freude schon?

"Jetaime – Liebenlohnt" ISBN: 9 783752 840674
Rezension aus Deutschland vom 21. April 2019
Werner Gran:
‚Himmelsbuch
Das Himmelsbuch ist bezaubernd.
Es ist versöhnlich.
Es nimmt den überflüssigen Ballast des Lesers weg.
Der Leser ist getröstet.
Das Himmelsbuch ist liebevoll von Gabriele Gran
farbenfroh illustriert.
Es ist ein Faksimile.'

Mensch

Du einmal in der Hölle hast gelitten sehr
Ängstigst Dich vor keinem Menschen mehr

Weil

Um dich Trauer
Bautest eine Mauer
Bei dem Gedanken weil
Nie wurde ich von dir ein Teil
Gabst mir genügend ab
Draussen allein wie hier an deinem Grab

Weil
Wurde nie von dir ein Teil
Wie oft war ich traurig
Nicht hierüber sprach- schwieg
Dennoch denk an dich lieb

Weil
Du gabst einzig ab
Fühlte mich einsam
Wie heut an deinem Grab

Weil
Weil teilen wolltest du nie
Ich nach Liebe schrie
Großzügig gabst du mir ab
Blieb stets alleine draußen
Kam nie in deine Mitte blieb aussen

Weil
Miteinander teilen nie
Ich nach Liebe lautlos schrie
Stets nur abgeben
Was war das denn für ein Leben

Weil
Wir nichts miteinander teilten
Stets nur nebeneinander weilten
Gefühle mir selten zeigten
So unsere Zeit vergeigten

Abschiedsmut

Im Seabel Alhambra Port El Kantaoui sitze ich
am Fenster hier:
Guter GOTT, bitte öffne für Werner Deine
wunderschöne Tür.
Lass ihn bitte nicht mehr hier auf Erden.
Werner möge bei Dir sein ohne Beschwerden.
Dann wird nicht mehr schmerzen sein
operiertes Herz.
Weiterleben wird Werner bei Dir großer Gott
ohne Schmerz.
Zusammensein wird er mit seinen Lieben dort.
Es gibt weder Streit noch Krieg an diesem
himmlischen Ort.
Eines wird sein ganz gewiss,
Werner wird sich erfreuen bei Dir in Deinem
Paradies.
Jetzt in diesem Augenblick habe ich für
unseren irdischen Abschied Mut.
Ich lasse ihn los, bin mir sicher, bei Dir wird er
es haben einzig gut.
Renate und Oma Grete wird Werner sehen
wieder.

Dir großer Gott sage ich DANKE, singe Dir
Loblieder.
Ab heute wird Werner leben bei Dir.
Danke für die Zeit Du gütiger Gott ließest ihn
hier bei Kevin und mir.

Teil

Gedanken an Dich ummanteln mich mit Trauer
WEIL.
Gefühlt war ich niemals von Dir ein TEIL.
Genügend gabst Du mir jedoch von Dir AB.
Gefühlt habe ich mich wie gegenwärtig an
Deinem Grab.

Wunder-voll

Das Leben ist Wunder – voll.
Man erlebt Augen – blicke, in denen möchte
man sterben.
Aber dann geschieht etwas Neues:
Man glaubt, man sei im Himmel...

Seufzer

Für mich bist Du ein Bote, ein Himmelskind,
ach, wäre ich doch unter Deinen Flügeln der
Wind.
Kein einziger Mensch würde uns beide
gemeinsam sehen,
Du+ich würden stets unsichtbar für die Welt
zusammen gehen.
Es wäre unser stilles Geheimnis, einzig die
Engel wüssten hiervon,
Gott ist die Liebe, einzig er ist es, der kennt
meinen Traum so lange schon...

Glückshauch

Bei jedem Menschen ich mit ihm spreche,
möcht' ich ihm lassen einen Hauch von Glück.
Nicht einmal in Gedanken ich mich jemals
räche,
mein Wort möge sich verwandeln in Nächsten-
liebe zurück.

Begegnet dieser dann seinem Nächsten an
anderem Ort,
möge er tragen sein von mir geerbtes Wort.
So wanderte von mir zu diesem nun ebenso ein
Hauch von Glück.
Er wanderte um Gottes geliebte Erde, ja kehre
zu mir zurück.

Ließe nun ein jeder Mensch seinem Nächsten
einen kleinen Hauch von Glück,
es gäbe keinen Krieg, ja Zwist,
lasst uns bedenken, wie leicht ein Hauch von
Glück doch ist…

zuckerwürfel

Ein zuckerwürfel ist Deine Zeit,
Du zur Versöhnung bist bereit.

Dein zuckerwürfel hat 6 Türen.
Durch 2 wird Gott Dich führen.

Durch 4 Türen kannst Du alleine schreiten.
Einzig Du bittest Gott möge Dich begleiten.

Ein zuckerwürfel ist Deine Zeit,
Du zur Versöhnung bist bereit.

medikament

das feuer des lebens, solange es brennt,
anfachend heilend wirkt ein einziges
medikament.
wie lautet sein name, diese frage stellst du
heut mir.
meiner erfahrung lausche, ich verrate ihn dir.
das einzige medikament, es heilt dich auf
dauer:
es ist süss, niemals stösst auf dir säuerlich-
sauer.
sein name ist die VERSÖHNUNG:
sie ist die konstante dich erinnert an
Gott=Liebe, an ihn die erinnerung:
diese erinnerung lösche niemals aus,
andernfalls das feuer erlischt, dein leben ist
aus!

Magnet

Im Leben ist es nie zu spät,
Du findest einen Menschen,
Dich anzieht wie ein Magnet.
Schau dich einfach mal um.
Warum? Drum!!!

lebensliebe

du sprudelst unaufhörlich, du meine quelle.
du trägst mich durch mein auf und ab auf
deiner welle.
du sprudelst vor und hinter, links und rechts,
ebenso unter mir.
hierfür unaufhörlich danke ich dir.
du sprudelst um mich herum im kreis.
niemals kann ich erahnen, was du mir erzählen
wirst, ich dann von dir weiß.

du wärmst mich, leuchtest in dunkelheit,
ein strahlendes licht.
des lebens hiebe sind vergangen, bin zufrieden,
leide nicht.
du lässt mich deine liebe spüren.
bitte Gott, werde dich nimmermehr verlieren.
meine immerwährende stille bitte an ihn war
nicht vergebens:
mit dir sendet er mir jeden augenblick die liebe
meines lebens.

vorhang

mein vorhang senkt sich...
wir sehen uns wieder – sicher bin ich
bis dahin denke ich an dich
ab jetzt lebe ich
mein letzter satz auf erden
alles wird gut werden
willst du mich sehn
schau zu den sternen der eine stern wird
bleiben stehn
ich schau zu dir herunter- du wirst mich dir
zuwinken sehn
du wirst in der deinigen fühlen meine hand
ein kleines stückchen unseres weges werden
wir gemeinsam wandern voller wonne
bis herr mond geht schlafen und zu scheinen
beginnt frau sonne
du bist nicht allein – ich bin immer noch mit dir
weine nicht du brauchst nur zu warten bis es
leuchten wieder vom himmel die sterne
auch wenn ich nie sagte dass ich dich liebe- ich
hatte dich stets gerne...

SO SO

mit neuer kraft beseelt
mein körper frisch gestählt
empfinde ich mich
denk' ich nach dem erwachen an dich
stehe auf gefüllt von kraft
frage was dieser tag wohl mit mir macht
mein herz heute auch weint oder nur lacht
allmählich beginnt neues leben leise sacht
was LIEBE aus uns menschen macht
gerade noch schlummernd ein wenig k o
nachdenken schreiben lächelnd & froh
so so...

Feuer

Seitdem ich Dich traf, spüre ich Geborgenheit.
Diese versüßt meine Lebenszeit.
In meiner Vergangenheit war ich am Leben.
Klar, ich war auf der Welt, es hat mich
gegeben.
Man könnte als Existenz meine Vergangenheit
bezeichnen.
Ich war im Leben wie alle aktiven Leichen.

Heute lebe ich in der Gegenwart, dieser
wunderbaren Zeit.
Bin für frische Ideen, der Verwirklichung
meiner Visionen bereit.
Ich selbst brenne, will auch noch andere
Menschen anzünden, sie mögen ebenso brennen.
Sie mögen nicht weiterhin ziellos durch die
Gegend latschen sondern auf neue Ziele
zurennen.
Ja, was meine Liebe zu Dir hat aus mir
gemacht:
Mein Weinen hat ein Ende, es wird gelächelt,
ermutigt, gestärkt – gelacht...

Kraftsprudel

Wünsche mir, jeder Mensch der mit mir
spricht,
dessen Seele habe hiernach geringeres
Gewicht.
Seine Sorgen drückten nun nicht mehr so
schwer,
sein Tränentank sei nun ganz leer.
Leichten Fußes ginge er weiter, Schritt für
Schritt,
mein Gesagtes ginge mit ihm also mit.
Auf diese ganz besondere Weise,
spräche ich also weiter, fast unhörbar, also
leise.
Sein Leben machte nun einen Hüpfer, einen
Sprung,
in seinen Sinn käme einzig eine kraftsprudelnde
Erinnerung.

vergebens

in meinem gebet zuckerwürfel, dem gebet
meines lebens,
erzähle ich, nichts im leben geschieht
vergebens.
Gott = Liebe, ich lasse mich führen,
auf diese weise wollte ich wandern mit dir
durch alle 6 türen.
es bist du, welcher mich nimmt an seine hand,
wanderst durch jedes tor mit mir, es bist du,
dem gehört jedes land.
ich wusste und weiß, dir gehört jedes land
dieser erde,
jedoch wir menschen lügen, alles durch uns
menschen werde.
klare, deine zeichen haben wir jahrein und
jahraus gesehen,
sie nicht befolgt, oh jammer, was wird nun
geschehen?
frage mich tagein und tagaus,
ob ich kann wohnen bleiben in deinem haus?
werde ich genügend zu essen und zu trinken
haben?
werde ich mich noch können an der schönheit
der natur laben?

ob wir noch einmal die chance bekommen zu
danken, also nicht immer zu klagen?
sie beschäftigen mich, diese immer wieder
aufkeimenden fragen.
wäre es wohl unverschämt dich noch einmal zu
bitten um glückliche tage.
ich verspreche dir, ich stelle heute ein letztes
mal diese bitte, ja frage:
kannst du mir verzeihen, ja ich bitte mir zu
vergeben,
ein einziges mal, ich gehe auf meine knie, sehr
gerne möchte ich noch einmal leben...

Wundervolle Zeit

Seitdem ich zusammenarbeite mit Dir, ich
gefunden habe meine Geborgenheit.
Diese versüßt die restlichen Tage meiner
Lebenszeit.
Meine Vergangenheit, während dieser war ich
am Leben.
Auf der Welt bewegte ich mich, ja, es hat mich
gegeben.
Als Existenz ich meine Vergangenheit
bezeichne.
Fühlte mich am Leben wie eine aktive Leiche.
Seitdem ich zusammenarbeite mit Dir, lebendig
ich lebe meine Zeit.
Bin frisch und munter für neue Ideen, deren
Verwirklichung bereit.
Wie Feuer brenne ich selbst, möchte
Mitmenschen anzünden, auch sie mögen
brennen:
Sie mögen nicht untätig herumlatschen,
sondern auf positive Ziele zurennen.
Aktiv werden für die Armen, die Leidenden, die
Hungrigen sich sorgen.
Für eine Welt voller Liebe, ein friedliches
Miteinander, eine besseres Morgen.

Seitdem ich zusammenarbeite mit Dir spüre ich
die Be-Deutung von Geborgenheit.
Spät, aber nicht zu spät, darf ich erleben diese
wunder-volle Zeit.
Hierfür danke ich Dir, meinem Leben, aus
vollem Herzen.
Sie haben nun endlich ein Ende, meine
Seelenschmerzen.
Einsetzen werde ich für Target, für die
Mädchen Afrikas, meine ganze Kraft.
Was unsere Zusammenarbeit, die
Geborgenheit, aus mir hat gemacht...

Ge-borgen-heit

Lebe seit ge-raum-er Zeit in einer Hülle.
Mich begleiten Lebe-Wesen in Hülle & Fülle.

Diese tragen Namen wie Liebe und Zärtlichkeit.
Umgarnen mich, tragen mich so durch jede
Zeit.

In dunkler Trauer, strahlend Freude, tiefstem
Schmerz.
Bauen sie eine Stütze für mein stets
schlagendes Herz.

Wie lange habe ich schon von ihnen geträumt!
Nach ihnen gegriffen, haben sie geschäumt...

Seit ich ich ihnen begegnet bin, also kenne,
ich sie alle bei ihrem Namen nenne.

Sich kleiner anfühlen nun meine Sorgen.
Dennoch sie gehören mir nicht, haben mich
einzig geborgen.

Ge-borgen–heit ist eine Leihgabe der Natur.
Du kannst sie nicht berühren, fühlen nur...

Betrachte, empfange sie stets in Dankbarkeit.
Die Unendliche wirst dürfen berühren in der
Ewigkeit.

KLEINEfrage

Meine Liebe, mein Lob, lass ich Dich diese
spüren?
Sind sie es, die Dich durch jeden Tag liebevoll
führen?

Deine Antwort für mich wird wichtig sein.
Wichtiger als jeder mich wärmender
Sonnenschein.

Liebe und Lob wärmen nicht nur bei
Sonnenschein, sondern auch bei Regen.
Meine Liebe und Lob mögen Dir sein für immer
ein Segen.

Meine Liebe , mein Lob mögen Dich stets
führen.
Mein Herzenswunsch, Du mögest meine Liebe ,
mein Lob in jedem Augenblick spüren...

gebet

nichts im verlauf meines lebens geschieht
vergebens.
Gott=Liebe, lass mich von dir führen,
bitte wandere du mit mir durch alle sechs
türen,
bitte nimm mich an deine liebevolle hand,
denn dir allein gehört die erde, und somit jedes
land...

was würde in meiner lebenszeit aus mir werden,
hieltest nicht du, sondern eine andere macht
meine hand auf erden,
klare, ganz deutliche zeichen habe ich bereits
von dir erhalten,
genau weiss ich, wie ich mein leben soll
gestalten,
dennoch ich höre dir nicht täglich zu, darum
blieb bis heute beinahe alles beim alten.
streit, kunmmer und daraus entstehende not,
dennoch hatte ich bis heute mein täglich brot.

klare , ganz deut-liche zeichen habe ich von dir
bekommen,
wollte sie nicht er-kennen, sah deine wahr-heit
verschwommen,

war vom bösen benommen.
gierig auf profit, rücksichtslos mit dem
nachbarn von nebenan,
so fing mein elend an.
hörte auf dich selten oder gar nie,
nun lebe ich ,aber wie, hier in der ……..

Gott, ich komme heute zu dir mit einer einzigen
bitte,
lass mich dich fühlen in meiner mitte.
behutsam werde ich setzen meine schritte,
ich werde mich lassen von dir führen
durch alle sechs türen.
heute gebe ich dir mein versprechen:
werde nie mehr mit dir brechen…

nichts im verlauf meines lebens
nichts geschieht vergebens.
Gott=Liebe lass mich von dir führen,
bitte wandre mit mir durch alle sechs türen.
bitte nimm mich liebevoll an deine hand,
denn dir allein gehört die erde und somit jedes
land...

Freude

„In deiner Freude finde ich mich,
so freuen wir uns beide, DU+Ich!"

reisen

dauer und zeit deiner reise bestimmst einzig
du,
meine schwester, mein bruder, hör mir bitte
aufmerksam zu:

deine reise zu GOTT dauert einen einzigen
augenblick,
du lebst die liebe, kehrst nie mehr zurück.

Ist dein ziel GOTT,
erleidest nie mehr not.

Reise

Mein Freund, hör mir bitte aufmerksam zu:
Die Dauer Deiner Reise zu Gott bestimmst
ALLEIN Du.
Die Reise zu Gott kann dauern einen einzigen
Augenblick:
„LEBST DU die LIEBE, kehrst nie mehr
zurück."

wann ?

Wann fingen wir zu leiden an?
Wann unser Leiden begann?

Als wir irrten, wir würden einig, spielten Gott,
hier fing es an.

Es war unser glücklichster Augenblick.
Hier gab es kein Zurück.

Einer von uns wünschte auszuatmen, der andere
wünschte, seine Welt bliebe stehn.
Diese Glückssekunde würde niemals vergehn.

Wir waren ein Mensch aber uns nicht einig.

Hier begannen wir zu leiden.

Wer?
Einer von uns beiden...

Blumentopf

Da fass sich einer an seinen Kopf.
Geizhälse wollen einander bestatten im
Blumentopf.

Sparen, geizen, sparen…
Einst sie doch ganz anders waren?

Hatt man so etwas schon gesehen?
Was ist denn bloß geschehen?

Schliessen Fenster und auch Türen zu.
Denken nur an Kohle, kommen nie zu Ruh.

Sitzen bei eisigen Temperaturen im Kalten.
Wie könnten ihre Kohle sie zinsbringend
verwalten?

Niemand darf eintreten in ihr Haus.
Drinnen sieht es schon aus, oh Graus!

Sind alt, klapprig, können sich kaum noch
bewegen.
Leute ist das noch ein Leben?

Verkracht mit der ganzen Nachbarschaft.
Was Geiz alles aus den Menschen macht.

Leute, gibt es denn keine Pille gegen diese
Krankheit?
Nein, nochmals nein, der Geizhals zum Wandel
nicht bereit.

geizkrank?

bist du immer noch geizkrank?
hortest deine € im kühlschrank?

kaufst dir keine neuen klamotten?
trägst die auf zerfressen von motten?

wirst niemals an die armen denken?
schaffst es nicht etwas zu verschenken?

ändere dich, so musst du nicht sein!
ansonsten bleibst ein armes schwein.

Jumelle & Jumeau

Mein Bester!
Ich bin Deine Zwillingsschwester.

Könntest doch auf Ab – stand treten in mein
Häuschen ein.
Eine Person darf es doch sein.

Du könntest wie gehabt sonntags 2 Stündchen
bei mir bleiben.
Könnten diskutieren, schwatzen und auch
schreiben.

Noch muss ich beim Korrigieren weinen.
Grüble herum, ob Verliebt in Dich und
zuckerwürfel doch als 2 Bücher erscheinen.

Es ist noch nicht soweit.
Ich brauche noch Zeit.

Vielleicht ent-scheide ich schon morgen.
Mach Dir also bitte keine Sorgen.

Freue mich wenn ich an Dich denke immer so.
Ist ja klar : Nous sommes Jumelle et Jumeau !!!

Corona

ob weiß oder schwarz, ob arm oder reich,
wir waren doch schon immer alle gleich.

wir wollten dies nur nicht sehen,
nun ist es um uns alle geschehen.

schon immer waren wir es ja,
nicht erst seitdem Corona ist da.

wir spüren unrecht haben wir getan,
ob jung oder alt ob frau oder mann.

bildeten uns ein schwarz sei weniger wert als
weiss,
was dachten und taten wir doch für einen
scheisss.

ob schwarz oder weiss ob arm oder reich,
Corona behandelt uns alle gleich.

hoffe Corona wir nehmen uns zum vorbild ab
heut,
werden gerecht sein zu allen leut.

vielleicht werden wir haben noch einmal la
chance = das glück
uns menschen wird verziehen, unser schönes
leben kehrt zurück.

Vorhang

Dein Vorhang senkte sich:
Bei Gott sehe ich wieder Dich:
Wenn auch mein Vorhang senkt sich:
Mit Dir werde leben ich...

Welle

Welle der Erinnerung
Kommt in Schwung

Was mache ich?
Frage ich Gott, Dich!

Werde ich in ihr ertrinken?
Den Zurückbleibenden einen Abschiedsgruß
zuwinken?

Fragen über Fragen.
Was wirst Du Gott mir sagen?

DU entscheidest, nicht ich.
Dennoch bitte bitte noch einmal : Ich will
leben.Rette mich!!!

trost

I
Es ist doch nur ein Schritt zu Dir,
ein einziger Atemzug.
Warum wiegt dieser Schritt so schwer?
War alles nur Betrug?

War Wirklichkeit Schein?
War Schein nicht Sein?
Wie rätselhaft kommen mir beide vor.
Gemächlich schrittest Du durchs letzte Tor…

II
es ist doch nur ein einziger schritt zu dir, doch
nur ein atemzug
warum drückt diese zeit so schwer, war unsere
zeit betrug
alles kommt mir so un-wahr-schein-lich vor
schrittest du wirklich durch das letzte tor...

III

Ein Schritt zu dir, ein Atemzug
folge dir in Gedanken durch das Tor
Heut fühl ich dich, ich bin- du bist...gestern,
heute,für immer, so stell ich mir dich vor...

entliebt

es so etwas gibt,
ich habe mich entliebt.
was auch immer ich tue,
finde nicht meine alten schuhe.
was gäbe ich dafür,
spürte ich ein fünkchen sehnsucht nach dir.
lebe seit kurzem in augenblicken,
in denen du mich kannst nicht mehr entzücken.
wie schön war jede stunde.
verliebt war ich in dich jede sekunde.
gestehe, langweilig geworden ist mein leben.
holprig, stolprig, nie mehr schweben?
was gäb ich dafür, mich in dich neu zu
verlieben.
jedoch gar nichts ist von meiner liebe für dich
übriggeblieben?
von tag zu tag hoff ich, meine sehnsucht nach
dir käme zurück.
selbst des nachts verspür ich kein glück.
grüble und grüble, wieso und warum es so
gekommen ist,
dass du heute nicht mehr mein glücksfall bist.
sie war so schön meine platonische liebe zu dir,
sie ist aus und vorbei, glaub es mir.
nun hoffe ich auf einen neuen prinzen der liebe.

unser leben es dreht sich, süß wie zucker,
bitter wie schmerzhafte hiebe.
Nie, nie werd ich aufgeben meine suche nach
dem zauber des lebens.
fand schliesslich immer wieder einen, meine
suche war niemals vergebens.
habe bei Gott einen neuen prinzen bestellt.
hoffe und warte, was kostet die welt.
bald wird er vor mir stehen, mein prinz, der
neue,
einander werden wir küssen, nichts in meinem
leben ich bereue...

Mitgefühle

Tat-sachen in Mit-gefühle übersetzen be-
deutet Ver- änderung.
Einzig Ver- änderung lässt Kriege sterben,
nicht Mit-menschen.

damals

damals, als alle mitmenschen mich verließen,
schickte mir Gott einen himmelsboten in
gestalt von elfi, einer kleinen liebevollen frau.
sie war der einzige mensch, der sich um mich
kümmerte (sich um mich kummer machte).
elfi hatte einen weiten weg zu mir.
sie ging zu fuß diesen weiten weg, musste auch
noch den hügel, auf dem ich wohnte,
hinaufsteigen.

doch wie war das genau, wollte ich wissen.
so bat ich elfi mir zu schreiben, wie das war
damals.
damals, ich lebte hungrig, verschmutzt, allein,
einsam...verlassen auch von denen, die ich am
meisten liebte...rannte wie ein
orientierungsloses tier bis auf die wenigen
stunden, während der ich vor erschöpfung
einschlief, tag und nacht auf und ab.

„Es war damals so:
Alle waren dagegen, dass ich Dir half.
Deine Familie, Deine Freundinnen.
Meine Bekannten guckten mich schief an.

Sie meinten, ich würde dann genau so werden.
Eine Frau aus Deiner Familie, weiß nicht wer,
rief mich zu Hause an.
Und fragte mich, warum ich Dir helfe.
Ich sagte nur, aus Nächstenliebe.
Mein Mann schimpfte.
Der Haushalt mußte nun in kürzerer Zeit fertig
sein.
Es war schwer.
Ich hatte ja auch noch Denise.
Auf dem Weg zu Dir traf ich zwei Brüder aus
unserer Kirche.
Ich erzählte ihnen alles.
Sie meinten, wenn ich darunter leide, soll ich es
lassen.
Wenn ich es kann, tue ich ein gutes Werk.
Ich habe manchmal die Bibel aufgeschlagen, um
von Gott einen Rat zu bekommen.
So tat ich es auch hierzu.
Ich legte meinen Finger auf einen Vers –
da stand:

Habe Geduld mit einem Kranken, auf dass du
noch seine gesunden Tage sehest!
Es tut mir leid, dass ich die Bibelstelle nicht
mehr weiß.
Was anderes habe ich Dir auch nicht gesagt.

Dann irgendwann kam ich an einen Punkt, da konnte und wollte ich nicht mehr.
Ich ging ganz kläglich und verzagt von zu Hause weg und wollte Dir sagen, dass ich nicht mehr kommen kann.

Bei Dir an der Tür angekommen, spürte ich eine Veränderung in mir.
Ich wurde plötzlich fröhlich und bekam neue Kräfte."

Anmerkung: Denise war ein Pudel.

morgengebet, abendgebet, nachtgebet...

oh GOTT, DU weisst alles besser als ich!!!
oh GOTT, dennoch, einzig eine klitzekleine
bitte habe ich:

lehre mich zu schweigen (von zeit zu zeit).
befreie mich davon, anderer leute probleme
lösen zu wollen!
doch ich kann meine klappe nicht halten!
und dies, obwohl ich es mir an jeden tag
vornehme schüchtern zu sein.
ich bin ja so weise!!!
gebe meine weisheit so gerne weiter!!!
wenn ich doch bloß nicht allen meine
lebensdetails berichten würde!!!
schalte bitte meine ohren auf taub, wenn meine
bekannten von ihren krankheiten berichten.
von den echten und den eingebildeten.
ach, was bin ich doch für ein liebenswürdiger!!!
mensch!!!
und liebenswert!!!
ja, und noch eine bitte:
die allerwichtigste!!! überhaupt:
erhalte bitte bitte meine schönheit!!!
klar, ich weiss, DU WEISST ALLES BESSER...
idee.. gebet .t.v. avila 1515–1582

gerettet

hier ist sie wieder diese grauenhafte qual
muss wieder durchhalten hab keine wahl
eine schlinge legt sich um mein herz
bilde ich mir vielleicht ein diesen mich
einengenden schmerz
eng und enger zieht sich die schlinge darum
was ist geschehen und warum
riesengroße angst habe ich
wie und wo finde ich dich,
fände ich dich, ginge er fort dieser
druckschmerz
frei und tief atmen könnte dann mein herz
gehe durch meine zimmer wo bist du
sonntags warst du doch immer hier
bei mir
nichts hilft auch nicht der duft deiner
abgelatschten schuh
hilf mir ich sterbe kriege kaum noch luft wo
bist du
mein frühstück schlinge ich nur so runter
hilft auch nicht krieg kaum noch luft werde
nicht munter

ziehe meine warme jacke an und meine
winterschuh

radle in windeseile zum friedhof erhoffe mir
ruh

nun steh ich hier wo bist du frage ich dich
siehst du mich fühlst du mein ich
streichle die nasskalte erde
hoffe ich luft bekommen werde
spreche rede mit dir streichle das kleine
urnengrab
sammle die blätter ringsherum die der baum
für dich und mich warf herab
lege sie auf die kalte nasse erde
ich vielleicht jetzt etwas ruhig werde
die blätter decken die kleine grasfläche zu
erhoffe mir allmählich etwas ruh

wirklich ich atme nun etwas mehr luft ich
kriege
dennoch ich meinen kopf hin und her ich wiege
ich will nicht mehr kommen hierher
komm du zurück zu mir der weg zu dir wird
schwerer und schwer
ich will das nicht und basta komm endlich
zurück zu mir
lieber Gott könntest du eine ausnahme machen
hier

noch einmal ein kleiner blick zurück zu dem
kleinen grab
tschüss
kaum noch zeit ich hab
denn die kirchenglocken von st.laurentius rufen
mich
radle schneller wir warten schon auf dich

schiebe erst mein rad in richtung
friedhofeingangstür
keiner sonst auf dem friedhof dann radle ich
einfach auch hier
nun aber rasch es ist schon fast klock zehn
weiss gar nicht wer heute predigt werd es ja
sehn

endlich komme ich an der kirchentür an
wer bitte ist heute zum predigen dran
also an diesem sonntag ist es bruder manfred
im schwarzen talar er schon im kirchraum
steht
wir lächeln einander zu er spricht zu mir
schön sie zu sehen heute hier
mich weiterlächelnd umarmt er mich

ICH BEKOMME WIEDER LUFT!!! GERETTET
BIN ICH!!!

GOTTEShaus

alle sehnen sich nach verständnis und liebe.
doch geht es nicht nach ihrer nase, verteilen sie hiebe.
streiten ist o.k.
doch einzig zanken ich seh.
frage mich, wer ist Gott für mich?
frage mich, wer ist Gott für dich?
ist Gott doch derselbe für alle, Gott ist die liebe.
versöhnung ist angesagt, nicht verletzend hiebe.
Gott spricht in jedermanns herz.
Gott will, wir nicht fügen einander zu leid und schmerz.
Gott ist der schöpfer aller menschen, egal welcher nation.
Gott ist der schöpfer aller menschen, das wusstest du schon?
dann grenze nicht aus.
lasse alle hinein in dein seelenhaus.
wie auch immer sein aussehen, seine sprache, religion und tradition ist,
üb dich in geduld, ganz gleich welcher nationalität du bist.
Gott ist die liebe, lass uns wandern gemeinsam in sein haus, nur so kommen wir aus unserem hart erarbeitetem schlamassel hinaus....

gepflegt

es ist mitten in der nacht.
liege wach, habe nachgedacht.

worüber ist doch klar,
denke an das kommende jahr.

fragen habe ich mir gestellt.
wer sich zu mir in kommender zeit gesellt.

wohne in meiner villa kunterbunt allein.
wie gehts weiter? wer wird sich mischen in
mein leben ein?

bislang gefällt es mir so.
nicht dauernd, aber meistens bin ich froh.

freiheit ; tag und nacht keine rücksicht
nehmen.
ungeniert durch meine villa kunterbunt zu
laufen, mich hinzubequemen.

nicht schon früh morgens mich zu frisieren.
nicht schon früh morgens meine locken
ondulieren.

den frühstückstisch nicht bunt appetitlich
gedeckt.
alles scheissegal.das konto, die mails
irgendwann gecheckt.

schlampig auch mal im pyjama frühstücken.
falls sauer mein gegenüber nicht müssen
lächelnd beglücken.

als erste die tageszeitung lesen. die seiten
noch nicht angeknüllt.
einfach zu schweigen. diskutieren noch
ungewillt.

waschbecken, klo und dusche nachdem benutzt
schmutzig gelassen und nicht sofort geputzt.

die zahnpastatube offen gelassen, nicht
zugedreht.
hautcremdose ebenso mittags noch offen
steht.

bis abends nur in latschen heraumlaufen.
wozu überhaupt noch chice schuhe kaufen?

der tag bestimmt auch so ganz nett,
am besten ich geh zurück ins bett.

penne noch ein stündchen, bin ja noch im
pyjama.
ist das noch leben?, was ist los, beginnt ein
drama?

wie kann das sein.
es ist 11 uhr, ich penne ein.

es klingelt an der tür.
es bist du, stehst plötzlich vor mir.

spring unter die dusche, frisiere mich, zieh
mich chic an.
was tut man nicht alles für einen mann?

in grund und boden ich mich schäme.
ist ein anderer mensch die lösung für meine
probleme?

nein, wie oben erzählt, darf nie mehr ein tag
verlaufen.
sonst werd ich so wie die, die schon vor dem
aufstehen saufen.

nein sone type darf ich nie werden.
besinne mich, nie ist man allein auf erden.

auch für sich selbst muss man sich pflegen.
auch sich selbst muss man hegen.

auch wenn kein mensch ist zu sehn.
gepflegt muss man durch den tag gehn.

wohne ich auch allein, gepflegt trete ich hinaus
in die welt.
mein leben mir so viel besser gefällt.

ich mache mir weiterhin mut,
alles ist gut.
ob allein oder zu zwein....

d-ort

d-ort, wo dein geliebter mensch jetzt lebt,
er nicht mehr geht, sondern schwebt.

keine schmerzen hat nun er,
alles fällt ihm leicht, nicht mehr schwer.

d-ort herrscht einzig Gott = die liebe,
niemals mehr verletzende hiebe.

strahlend leuchtet das licht.
dunkelheit, die gibt es nicht.

der mensch sieht seine vorangegangenen
wieder.
hier streiten sie nicht. singen gemeinsam
liebeslieder.

es gibt nie mehr zwist, also keinen streit.
hier fängt das leben an, schönste zeit.

jeder reicht jedem seine hand.
es gibt ein einziges einig land.

in diesem herrschen nicht hunger noch not.
in diesem land herrscht die liebe, ihr name ist
Gott.

Gott ist die liebe in allen sprachen der welt.
hier das leben allen menschen gefällt.

freu dich schon heute, du mensch hier auf
erden.
irdisches leben in himmlisches wird verwandelt
werden.

weine nicht, du irrst, du nun alleine bist.
dich begleitet ein anderer, dessen name Gott
ist.

eines tages flüstert dir dieser leise ins ohr:
komm mit mir in den himmel, ich dir einst ewige
liebe schwor.

geh mit ihm in den himmel hinein!!!
d-ort wirst du wieder bei deinem geliebten
sein... samstag 26.10.2019 5.00 uhr –5.07 uhr

achterbahn

es ist wieder einmal der helle wahn
meine gefühle fahren achterbahn

sie sind schwer zu ertragen
soll ich darüber schweigen oder es jemandem
sagen

über meine gefühle sprechen oder schweigen
mein herz ausschütten oder es lieber lassen
bleiben

jeder tag dieser elendige druck in meinem
herzen
das elende stechen diese unerträglichen
schmerzen

wie komme ich nur hinaus aus dieser falle
dieses verdammte alleinsen wo bleibt ihr denn
alle

nicht einsam fühle ich mich einfach nur allein
gerade noch war ich so happy nun wieder nicht
wie kann das sein

das ist keine frage mach mir nur luft einfach
nur so
GOTT so hilf mir doch mach mich bitte für
IMMER froh

warum kann ich mich nicht durchgängig
glücklich fühlen und auch so leben
ich will nicht stolpern einfach nur immer und
immer nur schweben

geht es den anderen meinen mitmenschen
ebenso
weinen diese auch heute und sind morgen
wieder froh

warum darf ich nicht zu einem einzigen
menschen sagen du bist mein
du gehörst einzig mir mir ganz allein

da fällt mir die antwort wie schuppen von den
augen
GOTT allein seine liebe für mich ist konstant
seine liebe gehört mir nur an diese soll ich
glauben

seine liebe zu fühlen bedeutet ich darf und
kann ständig schweben

einzig mit ihm an meiner seite hab ich konstant
ein glückliches leben

ok ich versuche es fange nun an aufmerksamer
GOTT zuzuhören
nicht mit meiner eingebildeten schönheit
andere menschen betören

nicht dauernd im mittelpunkt stehen wollen
auch dem anderen zuhören ist das was wir
sollen

ich fange jetzt und jetzt und immer wieder
damit an
dann fahren meine gefühle nicht mehr
achterbahn???

neu

nicht mehr an jeden menschen schmiegen
aus der alten frau ausgestiegen
bin eine andere
einzig mit Gott ich wandere
es soll muss so sein
gehöre Gott der liebe allein
es wurde zeit
habe bin eine andere persönlichkeit
ob mein umfeld das wohl spürt
ebenfalls verändert anders wirkt
bin gespannt werde sehen
wer wird mit mir durchs leben gehen
die naiven die erfahrenen gescheiten
werden die oder die mich begleiten
das leben bleibt spannend aufregend schön
fühlbar mit Gott alles wird gerade gehn

mix

wer Gott nicht liebt
sein leben versiebt

Gottes liebe fängt ab alle hiebe

Gott niemals erwägst
dich selber schlägst

nie Gott immer not

LIEBE

LIEBE trägt niemals schuld
LIEBE empfange mit huld
LIEBE woher ist unwichtig
LIEBE wohin immer richtig
LIEBE welcher quelle entspringt
LIEBE liebesslieder dir singt
LIEBE mit dir gehst nie allein
LIEBE begleitet bist zu zwein
LIEBE ersetzt keine andere
LIEBE heiße willkommen zu dir wandere
LIEBE bedeutet festen halt kein sieb
LIEBE küsst zärtlich hat dich lieb
LIEBE die mit mir geht
LIEBE mich versteht:

ane naachok tounes diamont
netmana tji tchoufni alaknib fi seabel
gabrielle 12.1. –19.1.19

rockkonzert

...und so fügte sich wieder alles, wie mein
zwillingsbruder zu sagen pflegt.
hatte ich doch den stillen wunsch zum
rockkonzert zu gehen gehegt.

er sagte ab, ich hätte das niemals getan, nein!
möchte ich schließlich immer nur mit ihm sein.

ist ja klar, wir sind ja auch zwillinge –
unterschiedlich sind wir schon.
sorgfältig überlegt er, durchdenkt alle
konsequenzen von vorn.

wä (a)gt immer wieder ab, schaltet ein stets
seinen verstand.
empfinde das lang-weil-ig, viel zu viel zeit geht
damit ins land.

rascher ver-wandeln sich in taten meine
gedanken.
und schnell fängt mein leben wieder an zu
wanken.

zuckriges wir ganz bald bitter
aufzieht wieder ein gewitter.

plumpste ich zwar früher in den raum:
vor torheit schützt aber das alter kaum.

wovon wollte ich dir geben einen bericht?
nun, fällt sie mir wieder ein, meine geschicht.

nein, bevor ich das eigentliche dir erzähl,
mein zwillingsbruder steht bei mir an 1. stell'.

ich habe es dir erzählt, und alles ist wahr
er ist meine 2. hälfte, aber ich die 1. war da.

er ist meine geistige hälfte auf dieser welt.
das ist es, was mir so super an ihm gefällt.

mein zwillingsbruder hatte pflichten zu
erfüllen.
erfüllt sie stets zuerst, könnte noch so laut
brüllen.

das wetter? gesten abend schüttete es in
strömen,
radle täglich, man kann sich aber an alles
gewöhnen.

also irgendwann kam ich an im packhaus.
das krachkonzert begann, war ein graus.

von konzert keine spur.
so gegröle hörte ich nur.

aber dann, das wichtigste hab ich erlebt.
bei musik die erde mit menschen bebt.

alle schienen sehr fröhlich zu sein.
dass wirkte bei mir, ohne bier, ohne wein .

der menschen fröhlichkeit steckte mich an.
auch ich so irgendwann zu lachen begann.

meine melancholie war wir fortgeblasen,
alle um mich herum nur fröhlich dasaßen.

von musik wie erwähnt keine spur.
hörte den dröhnenden bass ich nur.

dennoch wurde fröhlicher und fröhlicher, hier
tobte das Leben.
hab super gepennt, fröhlich aufgewacht, kann
wieder schweben.

meine Teilnahme hatte für mich so einen
riesengroßen Wert:
bin immer noch fröhlich, „Danke du
wundervolles Rockkonzert."

Glücksmosaik
Glücksmomente deines Lebens:
Heb sie alle auf!
Füge sie zusammen!
Welch riesiges Glücksmosaik
besitzt du am Ende deines Lebens!

Irrtum?

Warum sollte ich mich um das Geschwätz der
alten Weiber kümmern.
Nichts, wirklich nichts als meine neue Liebe
wollen sie zertrümmern.

Quatschen und tratschen, so labern sie von früh
bis spät.
Nölen, jammern, nichts ist so gut wie früher,
nichts geht.

Meckern und maulen, und dies jeden Tag, also Tag
ein und auch Tag aus.
Ihre neue Schwiegertochter, nein, die käme ihnen
nicht mehr ins Haus.

Nörgelnde Tratschweiber will ich nicht mehr
sehen.
Ihre Wege will ich nicht mehr mit ihnen gehen...

Neidische Klatschtanten, ab heute ist es für euch
aus.
Ihr kommt mir nicht mehr in mein so friedliches
Haus.

Sie bedauernd aber durchaus nicht mitleidig
lächle ich sie an:
Habt ihr schon längst eingemottet die Gefühle
für einen Mann?

Entgegnen mir, geht dich das was an, und?
Ist ja O.K. Küsst doch weiter euren Hund!

Ihr könnt ihn küssen oder treten in den Ar…
Anbrüllen: Hau endlich ab, nun aber Marsch!

In Gedanken denkt ihr an euren längst
Verblichenen.
Irrtum? Eure Gedanken an ihn sind nicht
weggeschlichen…?

entscheiden

schon vor jahren hat GOTT uns klar und deutlich
sein zeichen gegeben,
dein herz sei nun zu schwach, um noch weiter auf
seiner erde zu leben.

er hatte dich für uns sicht- und hörbar deutlich
gerufen,
es sei nun zeit, hinaufzusteigen, seine
himmelsstufen.

wir beide antworteten : wir wollen das nicht, nein.
du wolltest leben, gestehe: ich nicht ohne dich
sein.

ließest reparieren dein herz,
irrten, fort wär dein schmerz.

jedoch es ist zu wissen sehr wichtig,
GOTT ist allwissend, macht alles richtig.

GOTT kommt niemals zu früh und auch niemals zu
spät!
er ist es, er alles fügt, die sonne scheint, der
wind weht.

nach der reparatur deines herzen
lebten sie auf, deine schmerzen...

ständig waren sie lebendig deine schmerzen,
was hast du gelitten trotz repariertem herzen.

zu menschen, also medizinern bist du tag für tag
gelaufen.
könnte man sich auf rezept lebensverlängerung
kaufen?

ständig und stetig haben schmerzen in dir
gewohnt...!
wir fragten stumm, ein jeder für sich, hat`s sich
gelohnt?

du fühltest dich schwächer von tag zu tag.
wir stummten, was wohl kommen mag... .

erhieltest chemie und täglich blutverdünner,
wurdest schwach, schwächer, täglich immer.

dein früher lächelndes gesicht,
ein lächeln erblickte ich nicht...

mit dir litt ich ausnahmsweise still,
gab zu, ich dein sterben so nicht will.

still und stiller verformte sich unser leben,
nur noch stolpern, hinken, kein schweben.

der tod und unsere angst unausgesprochen
ist täglich, stündlich durch uns gekrochen.

der todesgedanke, das sterben sichtbarer durch
unser leben schlich,
nichts begleitete uns dichter, kaum noch von
unserer seite wich.

der sterbensgedanke machte sich von tag zu tag
immer breiter,
angstvoll, aber immer noch hoffend: ginge es
bitte noch ein wenig weiter.

fragten einander stumm, also unhörbar, hat das
Sich-Wehren gelohnt?
war das ein leben, der tod in 3. person hatte
schon bei uns gewohnt.

trauer, stille, angst, bedrücktsein, zogen hier ein,
was würde ich machen ohne dich? nein! nein! nein!

hätten wir doch lieber auf GOTT gehört?
seine entscheidung niemanden stört....

theoretisch, dass das wahre leben bei GOTT erst
beginnt?
auf erden die zeit einzig eine prüfung ist, die zeit
verrinnt?

auf erden haben wir eine allein von GOTT
bestimmte zeit!
erkennen und leben wir diese, ist der himmel
nicht weit!

der himmel wird dann IN uns sein,
auch wenn der geliebte stirbt: wir sind NIE
ALLEIN!!!

korrigieren

ja, in ge-raum-er zeit ist es wieder mal soweit.
zurückkehren wird ein mensch in die ewigkeit.

vorher durch-lebt dieser mensch leid.
er nicht bald korrigiert vergangenheit.

er irrte sein engel würde nicht auch im finsteren
sehen.
er irrte sein engel würde blind an seiner seite
mitgehen.

Gott gibt jedem genügend zeit um fehler zu
bereuen.
gibt jedem genügend zeit korrektur nicht zu
scheuen...

noch gibt dir, und dir, auch dir, genügend zeit.
noch stehst du nicht vor der tür zur ewigkeit.

denk` noch einmal nach, aber du musst dich
beeilen.
lange kannst nicht mehr mit deinem engel
verweilen.

einzig geht es um dich, was wirst du im himmel erzählen?
all' den deinen, die taten für dich deinen engel auswählen?

beeil dich, ja eile ist hier wichtig.
einzig deine korrektur ist richtig.

richtig ist sein richten, ja, es gibt einen gerechten richter.
er lebt für jedermann, ein jedermannsfriedensschlichter.

beeil dich, schnell, nimm vor deine noch mögliche korrektur.
gib vor deinem irdischen ende dir einen ruck, bleib nicht stur.

dein engel wird weiterleben, gewinnerin.
einzig Gott gehorchen gibt sterben sinn...

duft

frage mich, was soll nun aus mir werden?
liegst du wirklich unter der erden?
vielleicht ist es von mir nur ein traum.
zerwuselt sich bald wie seifenschaum.
manchmal zerfrisst nach dir die sehnsucht mich.
manchmal da hasse ich dich.
warum lässt du mich so allein?
wie kannst du so gemein sein?
dann wieder habe ich mitleid mit dir.
wechselbäder, in ihnen ertrink ich fast, so glaub es
mir.
oder ich denke, endlich erlöst bist du.
erinnerst du dich, unbedingt wollt ich erben deine
alten schuh!
jahr für jahr hast du sie getragen, tage für tage.
erinnerst du dich noch an meine dir oft gestellte
frage?
ich fragte dich, du eines tages verlassest mich,
hinterlässt seelenscherben,
könnt ich denn dann deine alten schuhe erben?
wenn all dein leben eines tags verpufft,
so bliebe mir wenigstens deiner abgelatschten schuhe
duft.
würde sie stellen wie immer auf die kleine
schmutzfangmatte am eingang an der tür,
dann könnt ich täglich ihren duft schnuppern:
VIELLEICHT BIST DU JA DOCH NOCH HIER BEI
MIR...!!!

endlos

ein einziger gedanke an dich lässt mich schweben
an einen wundersamen ort.
ich will sagen, ein einziger gedanke an dich trägt
mich sanft von jeglichem leiden fort.

spüre in meiner hand die deine,
auf diese weise ich nicht mehr weine.

du ahnst nichts hiervon
obwohl ich sagte es dir, jedoch tonlos, schon.

kannst es nicht verstehen.
wirst vielleicht auch nie mit mir durch mein land
gehen...

du bist zwar mein zwillingsbruder, doch lebst du
in einer anderen welt.
scheinst in dieser bleiben zu wollen oder müssen,
ob sie dir nicht oder vielleicht ja doch gefällt.

welch großen reichtum besitze ich, welch
unermessliches glück,
niemand könnte mir dieses jemals stehlen, muss
es nie erstatten zurück.

denn der, den wir nicht sehen, jedoch hören und
fühlen, schenkte es mir.
dieserer fordert kein geld, keinen lohn, mein
glück ist gratis, glaubt alle es mir!

wie viel zeit ging ich bereits durch diesen raum,
allein und auch mit dir von zeit zu zeit,
ich erinnere mich nicht, es sind gefühlte
jahrhunderte, der beginn liegt zurück fast eine
ewigkeit.

ich schließe meine augen sehe und fühle einzig ihn
und dich.
auch du fühlst meine liebe für dich, mein gefühl
betrügt nicht mein ich.

sind wir doch geschwister, haben denselben
vater, der uns immer wieder heraushilft aus
unserer not,
wie er heisst? er hat viele namen, ich nenne ihn
die liebe. er ist unser Gott.

nun ist fertig geschrieben auf papier diese, meine
an diesem morgen gefühlte und doch wahr-e
geschicht.
jedoch gibt es kein ende im leben und auch im
tod, ein ende gibt es Gott sei dank nicht...

sieb

der GOTT nicht liebt
sein wasser des lebens versiebt

hast du GOTT nicht lieb
trägst wasser in dein haus mit einem sieb

hast du Gott nicht lieb
dein lebenswasser rinnt durch ein sieb

wanderst mit einem sieb
dein wasser des lebens versiebt

GOTTes liebe fängt ab alle hiebe.

wer GOTT nicht abwägt
sich selber schlägt

niemals Gott
immer Not

ohne Gott
mit Not

wer sich nicht für GOTT entscheidet
sein leben lang leidet

du dich nicht für GOTT entscheidest
du lebenslang leidest

diamant I

es ist schon spät am abend, mein blick fällt auf
die knallgelben scharfgarben und knallroten
mohnblumen in nachbars garten.
fühle mich gruselig allein, warum sitze ich hier?
worauf will ich warten?
habe gefühle von ungewissheit, unsicherheit, mein
leben schnürt fast zu meine kehle.
dieser verdammte druck drückt mehr und mehr,
fast unaushaltbar auf meine seele.
gehe ich noch einmal in das zimmer hinein?
gestehe, mir fehlt der mut, ich lass` es sein.
entscheide mich hier sitzen zu bleiben.
nehme einen stift in meine rechte hand, will
schreiben ein paar zeilen.
sitze also in meinem arbeitszimmer auf der
kleinen holzbank.
das fenster lehnt auf kipp, von draußen höre ich
schwach vogelgesang.
er begleitet mich zwar, aber tröstet mich nicht,
zu schwer meine sorge, zu schwer deren gewicht.
frage mich, warum ich immer, wenn ich trost
brauche, so alleine bin.
da spazierst du, mein diamant, mir in den sinn.
rufe ich dich an? nein, mir fehlt auch hier der
mut.

vielleicht übetreibe ich ja mit meiner angst?
vielleicht wird alles doch noch einmal gut?
nein! nein! nein! rufe dich auf keinen fall an.würde
dich aus deiner ruhe holen heraus.
du könntest die situation ja auch nicht ändern in
meinem haus.
doch es GIBT Dich, diese gewissheit gibt mir
sicherheit,
ich kann ertragen diesen abend, diese
angstgefüllten stunden, diese zeit.
mein diamant, ich fühle deine mich nun
beruhigende wärme auf meiner zittrigen hand,
danke, du führst mich wieder einmal hinaus aus
meinem fürchterlichen schreckensland...

Rückhalt

fast ich verzweifle, ich weiß zwar, er lebt noch.
ja ja - doch doch.
dennoch mir ist schwindlig , ertrinke beinahe in
diesen gedanken,
ich strample, schlage um mich, meine welt scheint
jetzt zu wanken.

noch atmet er, noch - mir wird bange.
er atmet noch, wie lange...wie lange?

heute warst du bei mir, mein diamant.
fühle mich durch deine vergangene gegenwart
transportiert in mein liebes-land.
fühle mich schon leicht besser, nicht mehr so
abgrundschwach.
es wird schwach und schwächer, mein qualvolles
ach.

dennoch wärst du doch jetzt einen winzigen
augenblick bei mir.
lautlos schreie ich nach dir.
obwohl, ich kann so laut brüllen, du bist nicht
hier.

trotzdem, in meinem neuen leben
ertrinke ich nicht, darf weiterschweben:
ist mein qualvollster schmerz
stets schwächer als mein dich liebendes herz.

diamant II

stehe zwar schon in der himmelsschlange,
habe jedoch keine angst, bin nicht bange.
finde es normal, also mich dies nicht wundert,
lebe ich doch schon ein 3/4 jahrhundert.

jedes jahr ist eine besondere zugabe,
drei jahre nun dieses großzügige glück ich habe.
diese drei jahre waren meine bislang schönste
zeit,
bleibt meine restzeit so schön wie sie heute ist -
bis in alle ewigkeit?

in diesen 3 jahren wohnten nicht nur
zufriedenheit sondern auch
lebensglück in mir.
danke meinem diamanten, also dir, hierfür.
nicht musste ich mühsam leben, nein ich durfte in
dieser zeit ständig
schweben.
die vergangenen jahre sind also mein ganzes
glück,
schaue von herzen dankbar lächelnd auf diese
zurück.

in freud standest du stets hinter mir und auch in
leid.
diese jahre mit dir, ich wiederhole mich, war
meine bislang allerbeste zeit.
für deine wärme, deine anerkennung meiner
arbeit und person
dankte ich dir mündlich ganz oft schon.

für immer bleibst du meines lebens diamant:
Gott sandte dich in mein lebensland,
sandte dich auf den weg meines lebens,
als ich dachte, nichts mache sinn, irrte all mein
tun wäre vergebens.

zeigtest mir auf meinen wert, den wert meiner
pesönlichkeit,
danke für deine nächstenliebe in dieser zeit.
hierfür ich dir noch danke sage, auch dann, wenn
ich die wunderschöne
tür durchschritten habe...

Herzenstür I

Glaub es mir,
das HERZ ist unsere Tür.
Antwortet unser Herz :"JA" unserem Verstand,
öffnet unser Herz seine Tür und lässt ihn
eintreten in sein Land.
Erwidert unser Herz:"NEIN" unserem Verstand,
lässt unser Herz ihn draußen stehen, nennt ihn
UNBEKANNT.

Herzenstür II

Das Herz ist eine Tür.
Glaub`es endlich mir.
Öffnet unser Herz seine Tür, lässt eintreten
unseren Verstand:
"Komm, herzlich willkommen, tritt ein in mein
lächelndes Land."
Kehrt ein für immer Frieden und Ruh
bei Dir und denen, die Dich decken einst mit der
Sternendecke zu.

blutblasen

viele jahre sind vergangen, viele geschichten wir
gemeinsam lasen.
erinnerst du dich,du mein (angeblicher?) freund
an die geschichte von den blutblasen?

eine andere neue spannende geschichte könnte
ich dir ja heute erzählen.
was ist los mit mir, warum werde ich, und dies
zum xtenmale die geschichte von den blutblasen
auswählen?

weil ich !!!das will!!! brauchst ja nicht zuzuhören,
stopf dir doch deine ohren zu!!!
oder geh aus meinem raum, kannst doch tun was
du willst, geh hinaus, hast von mir deine ruh?

also damals, in der grausamsten zeit meines
lebens, ich kam tag und nacht nicht zur ruh,
rannte ich wie ein wildes tier hin und her in
meinen letzten, den abgelatschten, kaputt-
zerlöcherten plastikschuh.

niemand aber auch niemand, auch du! nicht
sorgtest dafür, ich neue schuhe bekäme,

warum eigentlich nicht? du dich heute noch
hierfür schäme!!!

nein, nein, ich will nicht dein richter sein, mich
nicht aufspielen, bin viel zu klein.
und außerdem, die arbeit mache ich mir nicht,
unser richter wird ja ein anderer sein.

also, ich fange noch einmal von vorne an.
du bleibst hier, hörst mir doch zu, bist ein kerl?
ein richtiger mann?

so- nun fange ich aber endlich an, zum x-ten mal
mit meiner blutblasengeschicht,
wahrscheinlich drückt sie mich doch noch, hat
schweres gewicht.

ja, also damals, durch das fast 24 stunden hin-
und her rasen,
hierdurch bekam ich an meinen füßen
schmerzhafte gruselig aussehende blutblasen.

wohin wollten meine füße, wo lag ihr ziel?
ja, mein (angeblicher?) freund, dies erzählte ich
dir noch nicht, wohin zeigte meiner füße will???

ich wollte etwas erreichen, was unerreichbar für mich war,
er liebte mich nicht, interessantes stellte ich nur für ihn dar.

er hatte mich gerne den anderen vorgeführt, also gezeigt,
doch die hauptmelodie haben andere frauen gegeigt.

mit unvorstellbarer gewalt kämpfte ich für den 1. platz,
hab hierdurch fast mein ganzes leben verpatzt.

in meinem kopf hatte sich etwas verschoben, also etwas verrückt!
hierdurch war mir nichts, aber auch gar nichts mehr geglückt.

in einem selbstgebasteltem käfig ich nun saß,
immer aus demselben topf ich nun fraß.

wohin wollten meine füße, wo lag ihr ziel?
sie wollten dorthin, wo Gott niemals!!! hin-will.

kam immer wieder an derselben stelle an- wie in einem hamsterrad,

vertrödelte ohne sinn und verstand 4 jahre, dies
war (ist?) schad.

mein trotziger wille, ich sei die erste, die
wichtigste für ihn: für einen menschen, jagte
mich in eine ecke.
aus dieser kam ich nicht mehr alleine hinaus,
dachte jeden augenblick, ich verrecke.

diese erinnerungsgeschicht, diese von den
blutblasen ist eklig, find ich allmählich selbst zum
kotzen.
warum erzähle ich sie dir dennoch immer wieder,
mein (angeblicher?) freund, will ich mit meinem
überleben mit dieser geschichte vielleicht
protzen?

schluss, bumms, aus, ich versprech es: nein, nicht
dir, sondern Gott!!!
schließlich es war er, der sie beendete, mir half
hinaus aus meiner not.

nein nein nein!!! nie mehr werde ich diese
geschichte jemandem erzählen,ich werde es
lassen.
nie mehr erzähle ich jemandem die geschichte
von den blutblasen.

tief atme ich nun ein und aus, komme, wenn auch
nur allmählich zur ruh!
heute trage ich ja schließlich ganz wunder-bare
und auch sehr schöne schuh!

ich spüre, mein frieden kommt zurück in mein
gerade noch bekümmertes herz.
schwächer und schwächer spüre ich nun meinen
erinnerungsschmerz.

ich nehme mir ernsthaft vor, dich niemals mehr
an meine damaligen schmerzen zu erinnern,
und sollte ich dieses einsamkeitswürgen auch
nochmal bekommen, werde ich!!! es erwürgen,
nicht im selbstmitleid anfangen zu wimmern.

nehme mir ernsthaft vor, jawohl ich werde
ausreichend kraft haben, es endlich zu lassen,
dir zum x-ten male zu erzählen von … da war doch
was … habe schon längst vergessen … die
geschichte von … von … keine ahnung … von
den???

entfalten

ich warne dich, du kannst mich nicht festhalten!
selbstständig will ich sein, will mein leben selbst
gestalten.
frei muss ich sein,
es wird dir nicht gelingen, du schließt mich ein.
ich zerdrücke alle sichtbaren und unsichtbaren
gitterstäbe,
das geschlossene tor ich öffne, mit links aus den
angeln ich hebe.

niemals werd ich dein sein,
war nie ein schnurrendes kätzchen im
kämmerlein.
gehörte ich einst zu den jungen und heute zu den
alten,
nur völlig frei kann ich mich entfalten.

wie das wort entfalten schon sagt,
platz benötige ich, ich, die neu lebt , ins leben
sich täglich frisch wagt.

ich warne dich, niemand, auch du wirst mich
niemals festhalten,
frei muss ich sein, einzig frei kann ich mich
entfalten.

mix

nichtunbedingt
nur weil einer nicht spricht, ist er nicht stumm.
nur weil einer blöd ist, ist er nicht dumm.
nur weil einer lacht, ist er nicht fröhlich.
nur weil einer schön ist, ist er nicht begehrlich.

die liebe ist ein hungriges tier;
wird es nicht gefüttert, frisst es dich auf.

stern

ein weiteres jahrhundert beginnt heute, wird also
starten.
noch weitere muss ich auf dich warten.
verstehe verständnisvoll, deine f-ort-bildung
geht vor.
deine fortbildung wird dir öffnen mit frischen
arbeitsideen tür und tor.

was bleibt mir übrig, schaue jeden abend zu
deinem stern.
dein stern erzählt mir von dir z.b., ob es dir geht
gut, und er tut dieses gern.

so schaue ich also jeden abend hinauf zum
himmel, hoffnung-s-voll ausgestattet mit mut,
erblicke ich deinen stern lächeln, kann ich mir
sicher sein, es geht dir gut.
lege mich dann ruhig zur ruh,
küsse das bild ich von dir habe, decke mich zu.
danke Gott für den verwelkten tag,
frage tapfer hoffnungsvoll, was wohl morgen auf
mich zu-kommen mag.

danach wiederhole ich in gedanken mich
"einschläfernd" das word frieden...frieden...,
zähle also nicht wie manche menschen schafe...
bis ich für mich unmerklich friedlich einschlafe...

Mareiles Kommentar:
Im Angesicht der Sterne zur Ruhe kommen.
Trost des Abends im Anblick des Himmels.
Der Schmerz der Trennung wird gemildert, zugedeckt.

unbezahlbar

Male heute ein Bild von mir, mein Selbstbild.
Lies weiter, was ich führe hiermit im Schild.

Möchte mich gerne ansehen.
Möchte mich liebend gerne verstehen.
Forme also Worte, formuliere Wörter, alles, was
mein Selbstbild so ausmacht...

Schluss! Punkt aus! Habe nun genügend gemalt
und auch nachgedacht.
Wie sieht es aus, mein Selbstbild ? Mit welchen
Farben habe ich es gemalt? Also gemacht?

Schillernd, glitzernd, hell nur ein ganz wenig
dunkel, im Vordergrund orange, leuchtend wie
die Sonne.
Schaue es immer und immer wieder an, und dies
voller Wonne.

Beim Betrachten staune, schmunzle, aber vor
allem ich schallend lache laut: nicht schlecht der
liebe Gott hat mich gebaut.

Ja!!! Mit mir, meinem Bild selbstgemalt, mit meinem Selbstbild bin ich sehr zufrieden, könnte glatt mit mir befreundet sein.
Find mich super, toll, einzigartig so und auch so und sehr schön noch obendrein.
Bin ein Typ, einfach ganz ganz toll und sehr wertvoll.

Mein selbstgemaltes Bild, mein Selbstbild ist einmalig, ganz klar...und vor allem unbezahlbar!!!

dumm

dass es so etwas gibt
leide obwohl ich bin ich in dich verliebt
300 jahre auf dich warte ich nun schon
und von dir kein ton
suchte...
einen tollen typ ich fand
hab ihn wieder fortgesandt
warum
frag nicht so dumm...

festhalten

viele jahre bin ich alt,
und noch immer ist mir kalt.

zittre, friere,
traurig vor mich hinstiere.

bin enttäuscht, hab mich selbst getäuscht, mich
geirrt,
meine gedanken zeit-weilig verwirrt.

eisiger wind mich umweht,
kippe nicht um, fest meine seele steht.

da GOTTes arm mich ganz fest hält,
meine seele - mein körper nie mehr fällt...

30 mix

1. treue be-deutet was?

2. der inneren stimme folgen, sich nicht zwingen lassen.

3. man kann den größten scheisshaufen kleinreden.

4. körperliche nähe folgt stets der geistigen.

5. falls/wenn man einen menschen findet, der an einen glaubt, glaubt man an sich, an einen selbst.

6. glauben an sich, macht allein schon glücklich.

7. was man aus begeisterung, ja leidenschaft tut, wird gut.

8. ohne her-kunft, keine zu-kunft.

9. abgeben reicht nicht, man muss mit-ein-ander teilen, um ein teil des anderen werden zu können.

10. man tötet den angeschossenen feind auch, indem man ihm beim verbluten zusieht.

11. unabhängigkeit ist nicht verhandelbar.

12. die vergangenheit kann man wegschieben, aber nicht wegknipsen.

13. wenn ich an dich denke, bleibt mein atem stehen, und gerade dann beginne ich zu leben.

14. wer unfrieden säät, wartet nicht lange auf krieg.

15. das kriegsbeil ist begraben, aber man vergisst nie, wo es liegt.

16. du kannst nichts ent-scheiden, das leben übernimmt diesen part für dich.

17. du kannst nichts entscheiden, diese rolle spielt dein leben.

18. dein herz ist immer dort, wo du dich geliebt fühlst.

19. eine gute idee trägt dich.

20. eine gute idee spielt eine tragende rolle.

21. es gibt tiefe gräben, auch lange bretter gibt es, man muss sie nur finden wollen.

22. es gibt tiefe gräben und lange bretter.

23. er-kläre deine situation, dann wird sie klar.

24. ein warum hat kein ziel.

25. warum führt nie zum ziel

26. warum führt zu nichts.

27. la chance ist das glück, dasselbe kehrt nie mehr zurück.

28. la chance ist das glück, das gleiche kehrt zurück.

29. lerne aus deinem unglück, indem du "un" entfernst.

30. bitten ist wichtig, unerbittlich ist falsch, nicht richtig.

riesenrad

das leben ist ein riesenrad,
mal bist du hungrig und mal satt.

ein riesenrad ist dein leben,
mal steckste fest, mal kannste schweben.

das leben ist ein riesenrad,
der mensch mal kummer, mal er freude hat.

ein riesenrad das leben ist,
der eine wegen geld den anderen frisst.

das leben wie ein riesenrad sich dreht,
aus der gondel steig du nicht, bevor es anhält,
also steht.

höllisch achte du stets siegst,
nicht schon vorher aus der gondel fliegst.

müde

in deine müden augen blicke ich tag für tag.
zitternd frage ich, was auf mich zukommen mag.
werde ich haben morgen ausreichend kraft?
es meine seele auch ohne die deine schafft?
in diesem augenblick atme ich sehr schwer.
von wem kann ich all meine kraft holen her ?
tränen, sie strömen quer durch mein gesicht.
Gott, du mein Gott, ich erkenne dich nicht.
bist du auch wirklich ganz nahe bei mir?
wanke, darf ich mir sicher sein mit dir?
fühle tag für tag immer mehr müdigkeit.
zittre, hoffe sie ist noch weit fort diese zeit.
bitte, lass mir noch ein paar minuten, tage,
ich dich hierum zu bitten ich heute wage.
oder sind es gar noch ein paar wochen?
darf ich vielleicht auf diese hoffen?
täglich diese gedanken ermüden mich so,
manchmal vergesse ich meine sorgen, bin froh.
doch hier sind sie wieder, fühle mich so allein,
mit diesen gedanken schlaf ich dennoch ein…

schuhe

1. es ist her ein vierteljahrhundert,
und es mich wundert,
warum ich heute morgen höre wieder dieses
schuhgeklapper?
du willst wissen, wovon ich plapper?
2. es ist das geklapper von schuhen unten auf der
straße, draußen,
jeden morgen hörte ich es von außen.
sah diese frau nie, hörte ihr schuhgeklapper nur.
das war jeden werktag, so gegen 5 uhr.
3 na nu, denkst du,
es handelt sich sicherlich doch nur um
stöckelschuhgeklapper,
und das soll wichtig sein, dein hierüber geplapper?
4. ja es ist wichtig, ich dir dies endlich erzähle
meine liebe.
das geklapper erzeugte grauenhafte schmerzen
wie hiebe.
ich will es dir heute erzählen, setz dich zu mir,
ich erzähl es nun dir:
5. damals vor einem 1/4 jahrhundert hatte ich
keine schuhe,
egal war ich allen,wollten alle von mir ihre ruhe.
schwer krank war damals meine seele.
ich dir heute alles, wirklich alles erzähle.

6. mich plagte, ja quälte ein grauenhafter laufzwang,

lief jeden tag und dies 4 jahre auf und ab den flur entlang.

so lief ich also tag und nacht.

kannst dir bestimmt vorstellen, was so ein gerenne aus füßen macht.

sie schwollen an, die haut riss kaputt,

es bildeten sich blasen gefüllt mit blut.

7. moment mal, ich öffne das fenster, muss mal kurz durchatmen, nun gehts mir wieder gut.

o.k. ich berichte dir weiter, hab nun frischen mut:

8. wie willst du schuhe kaufen, du kannst nie sitzen still,

die füßen machen nur, ich gar nicht will.

schließlich, meine füße liefen tag und nacht.

was doch ein mensch mit einem anderen menschen macht!

verachtung, betrug, missachtung und hass regierten mein leben,

inzwischen hab ich ihm, da er verstorben, vergeben.

9. frage mich, warum ich nun nach einem 1/4 jahrhundert erinnere mich an das schuhgeklapper.

und auch noch hierüber lauthals zu dir, davon plapper?

10. fast vergessene leidensgefühle keimen in mir auf.

ich denke nach, ... ja, nun komme ich darauf:
wieder mal fühle ich mich so allein,
draußen regnet es, kein licht, vermisse den sonst mich tröstend sonnenschein.
wenn es hell ist, scheint nicht so schlimm die vergangenheit.
man belügt sich, es wäre doch ganz schön gewesen, jene zeit.

11. erinnere mich aber gerade jetzt an meinen 4-jahre anhaltenden laufzwang,
versuche wieder zur ruhe zu kommen, mir wird ganz bang.

12. am besten, so kommt es mir nun in meinen sinn:
ich lege mich noch einmal zum schlafen hin.
es ist doch erst 5 minuten vor 5 uhr,
versuche einzuschlafen - nur ...

13. nun decke ich mich mit Gottes liebe zu,
spüre, mein herz rast nicht mehr so, komme nach und nach zur ruh.
spüre deutlich klein und kleiner schrumpft mein erinnerungschmerz,
sanfte ruhe kehrt ein in mein altes herz.

14. ich schlummere ein, schwebe nun in meiner ruhe:
heute trage ich wunderschöne schuhe...

2. geige

geirrt hatte ich mich, stünde mit dir auf
derselben familienstufe.
geirrt hatte ich mich, du mich eines tages bei
meinem namen rufe.
nein, auf derselben stufe mit dir stand ich nie,
ob ich es beklagte, beweinte oder laut schrie.
schon unsere kirchliche hochzeitsfeier wolltest
du absagen,
hättest gewusst schwager martin käme nicht,
wollte gertrud ihr kommen wagen.
jedoch ich damals war so voller begeisterung,
wünschte mir ein leben mit dir voller schwung.
heute fast am ende unseres gemeinsamen weges
stelle ich zufrieden! fest:
auch die 2. geige zu spielen kann spaß machen,
falls man diese von Gott regelmäßig stimmen
lässt.

freunde

wir waren beste freunde, passten nicht
zusammen als paar.
der verzichtvertrag änderte dieses, alles also
anders danach war.
entschied mich bis ans ende des lebens mit dir
zusammenzubleiben.
nicht wollte ich unsere freundschaft beenden,
mich lassen scheiden.
gemeinsam lebten wir weiter in stille, ruhe und
voller frieden.
mir vorschlugst 5x die scheidung, wollte ich nicht
sein geschieden.
gemeinsam liebten wir GOTT unseren frieden und
ganz viel ruhe.
auf unseren wegen trugen wir jedoch
verschiedene schuhe.
unterschiedliche ziele hatten auch unsere reisen,
hierauf möchte ich nicht vergessen hinzuweisen.
mich zog es regelmäßig nach tunesien, also afrika,
du wolltest zu deiner verwandtschaft, dein glück
sie war.
unsre gemeinsamen jahre war eine besondere
zeit,
gemeinsam trug ein jeder geduldig des anderen
leid.

Gott war es, der hatte uns 1994 zusammengeführt,
beide haben wir dieses tag für tag betont und gespürt.
dankbare erinnerung lebt für immer in unseren herzen,
wir einander wiedersehen, göttliche gewissheit schenkt geduld, heilt alle schmerzen.

auslachen

damit du es weisst
in der tanne nebenan lebt ein geist
gehe auf die seabelterrasse mache morgensport
nach dem aufwachen
höre ich sein unverschämtes widerliches lachen
rufe ihm flehend zu lach mich nicht aus lass das
sein
das ist fies von dir du bist echt gemein
doch dieser geist hört nicht auf mein flehen
jeden morgen das gleiche kann ihn hören aber
nicht sehen
erblicken kann ich ihn nicht nein sehe nur
tannenzweige
lacht mich schon wieder aus ich mich zur sonne
verneige
stop plötzlich sitzt vor mir auf der
terrassenbrüstung ich es kaum glaube
mein frecher geist ist nicht fies es ist doch nur
eine harmlose lach...

Sicherheit

Der sicherste Weg zu wissen, ob ich Dich liebe,
ist mir vorzustellen, ich ohne Dich auf Erden
zurückbliebe.
Welche Gefühle begleiteten dann mich, mein
weiteres Leben müsste ich leben ohne Dich?
Fühlte ich mich unglücklich, würde weiterleben
mit einem gequälten Ich? Oder fühlte ich mich
eventuell - sogar befreit ohne Dich?
Fühlte ich mich ohne Dich unsicher, hin-und
hergerissen ohne Deine Hilfe, ohne Dein Wissen?

Alles zu seiner Zeit! Noch leben wir beide in
gewohnter Zweisamkeit!
Hier entscheide und entschließe ich mich einen
wertvollen Brief an Dich zu schreiben, so erhellen
unsere gemeinsame Vergangenheit.
Erklären und danken möchte ich auf diese Weise,
was ich bisher gedacht, aber habe ausgesprochen
unhörbar, also für Dich viel zu leise.
Ja, erklären, also aufhellen unsere gemeinsamen
Tage, ich niemals wagte, ich Dir sage.
Licht tragen in unseren betretenen gemeinsamen
Raum, vor Dir deutlich, vernehmlich
auszusprechen, ich wagte einzig stumm flüsternd,
also kaum.

Stehe wagemutig auf aus meiner Ruhelage, bitte
Gott, er ließe mich nun wie stets nicht all-ein, er
hörte mir zu, ich nun durch meine Feder Dir sage.
Vorher schreite ich noch zu meinem kleinen aber
wichtigen Schrank, nehme mein allerschönstes
Briefpapier, schreibe, verziere, illustriere...
Ich bin nun ganz ruhig, fühle mein Herzklopfen
nicht, fühle mich kaum noch, vielleicht auch schon
nicht.

Liebe ....

_____

_____

_____

_____

_____

_____

_____

vorwärtsgehen

man kann die seele nicht vom körper trennen.
man kann ein buch nicht lesen, vorher seine
seiten verbrennen.
du wolltest mit mir verweilen, leider nichts mit
mir teilen.
etwas dem anderen abgeben,
nicht bedeutet mit, sondern neben-ein-ander-
her-leben.

verbotest mir dein haus am hochzeitstag zu
schmücken.
wie sollte dann unser miteinander glücken?
auf das grab deiner frau durfte ich kein
blümchen meines brautstraußes legen.
wie konnte dann wohl ihr geist über unserer
zukunft schweben?
sie war es doch, die mich für dich ausgesucht
hatte, erteilte ihren segen!

es war sie, die mich hatte für dich hatte
ausgesucht,
es war sie, die mich hatte für den rest deines
lebens gebucht.

es war sie, die heftete an ihr tagebuch des
sterbens mein zeugnis des glaubens, ich ihr
sandte,
es war sie , die Gott stets um hilfe bat, sich an
ihn wandte.

mein glaubenszeugnis war ihr wichtig.
dieses zeugnis zu schreiben, fand sie richtig.
du wolltest alles festhalten für die deinen,
als nähme ich ihnen etwas weg, be-leid-igtest
mich, die meinen.

dein festhalten wirkte aus sich fatal.
entfernte mich von dir, zeit entwickelte sich
schal.
gab eine letzte chance , la chance = das glück.
kameradschaft bleibt, liebe geht einzig vorwärts,
kehrt niemals zurück...

verzeihen

1. damit du es weisst,
verzeihen bedeutet geist.
nein, kein gespenst, ich meine den geist des
lebens.
verzeihst du nicht, ist all dein tun vergebens.

2. schleppst die schuld eines anderen mit mit dir.
glaub es doch mir:
mitschleppen bedeutet schwer und schwerer
tragen,
kannst in dieser zeit nichts neues wagen
(könntest in dieser zeit etwas neues wagen!).

3. seine last wird so die deine, drückt dich
hinunter,
es könnte geschehen, du gingest nun unter.
ja, diese last drückt dich tief nieder,
schwer und schwerer schmerzen deine glieder.
ganz bald fängt er an zu stechen dein schmerz,
sticht kreuz und quer durch dein herz,
dieses reisst, weisst nicht mehr, wer du bist, wie
du heisst,
sie wird immer größer deine not - dauert nicht
mehr lange und du wirst sein... tot.

4. leg ab diese last, hattest du vergessen du Gott zum tragen hierfür hast?

gib nach, trenne (scheide dich) von diesem ach, reich es Gott, diese fürchterliche schmach.

tu es doch endlich, stell in den vordergrund dein verzeihen, du erhältst deinen lohn.Gott wird dich weihen.

verzeihen bedeutet vergeben, vergeben bedeutet führen ein neues leben.

sprich laut und vernehmlich aus: ich entschuldige sein tun, neues leben beginnt, das alte für immer wird ruhn...

5. andernfalls die sünde des anderen wird nicht nur ihm sondern auch dir zur plage.

hör mir gut zu, was ich dir zu sagen ich wage:

hör zu, ich dir sage, ist nicht einerlei,

sie betrifft nicht nur ihn sondern euch beide, also zwei.

jeder von euch hat seinen anteil an diesem streit, kapierst du endlich, bist du soweit?

überzeugung

unsere kameradschaft mildert meine furcht in dieser, meiner angstvollen zeit.
für jeden frischen tag stärkt sie mich, macht mich für diesen bereit.
welche furcht, wovor angst, was von beiden mich bedrückt?
ich fürchte mich so sehr vor dem allerletztem augenblick mit meinem besten freund,
wie lange habe ich noch mit ihm? mir diese zeit glückt?

mein herz von morgen zu morgen klopft nach dem erwachen schneller.
wie viele tage sind noch auf unserem gemeinsamen lebensteller?
mein herz beruhigt sich erst, ich denke an Gott, seine sonne blinzelt mich an, und es wird heller.
die sonne wärmt, auch stärkt sie mich, ihr leuchten gibt erleichterung , meine last zu tragen, gibt mir schwung.

wie wird dieser neue tag verlaufen, werde ich alles erhalten, was ich werde zum überleben brauchen?

obwohl ich bin hier ganz sicher mir, ich habe solche angst, kommst du heute zu mir, oder ich komme zu dir?

gestehe, hab in manchen momenten todesangst, denn ich bange, mein freund wird nur noch wenige augenblicke atmen, also nicht mehr lange.

hätt ich nicht Gott, ich würde verzagen, heute gestehe ich es dir, wollt' es niemals zugeben, es dir niemals sagen.

nun, endlich habe ich es gewagt, es dir offen zu gestehen, ich kann wieder weiteratmen, wie wird es sein , die sonne wird heute abend untergehen? werde ich mich vor der dunkelheit lähmend erschrecken?

nein, niemals, überzeugt bin ich, ein anderes, ein neues leben wird in mir geboren, mich zum neuen erleben erwecken...

publikum

einöde?
nein, mir viel zu schnöde!
schaue mich um,
brauche mein publikum.
falle ich auf,
bin ich gut drauf.

komme ich irgendwo an,
blicke ich mich um, suche einen schönen mann.
wie müsste dieser aussehen, damit es ist bald um
mich geschehn?
groß müsste er sein, am liebsten 2 meter 10.

also gut 1.9 0 m das geht auch,
darf aber auf keinen fall vor sich herschleppen
nen fetten bauch.
schlank, sportlich muss er sein,
auf gar keinen fall einer mit ner plautze wie ein
hängebauchschwein.

also schlank und rank,
breitschultrig wie mein kleiderschrank.
charming schaue ich mich in gesellschaft um,
ich stehe gerne im mittelpunkt, brauche
publikum.

mit den wimpern klimpern, das wäre mein wille,
geht aber nicht, bin kurzsichtig trag ne dicke
brille.
äh, wo war ich gerade stehengeblieben,
ach ja, bei den fast 2 metern, ist nicht
übertrieben.

himmel hilf, ich mich vor freude fast erschrecke,
kommt gerade genau mein typ um die ecke.

dieser könnte mein schwarm werden, ich auch
seiner?
nein, schnurstracks geht er auf eine jüngere zu,
meine begeisterung mal wieder im eimer.

nicht aufgeben, andere mütter habe auch schöne
söhne.
ich mich an enttäuschung im alter immer mehr
gewöhne.
denke nach, was mein auserwählter müsste außer
dem aufgezählten auf keinen fall tragen?
solllte es bloß nicht mit muttis stricksöckchen in
sandalen wagen!

plötzlich entdecke ich meinen wunschkandidaten,
werfe unauffälig auf seinen rechten ringfinger
einen blick.
kein ring drauf, also dieser könnte mir gefallen,
gehört nicht zu den schlechtesten, ist aber nicht
gerade chic.
vielleicht, fantasiere ich, trägt er unter seinem
blütenweißem hemd auf seiner gebräunten haut
eine goldkette.
wau, nun scheint er meine begeisterung für ihn
zu fühlen, kommt auf mich zu, dieser charming
boy, dieser nette.

der dürfte mich anbaggern, das ist nun ein muss!
fühle auf meinen lippen bereits seinen zarten
kuss.
mannomann bin ich heute aber gut drauf!
leider mal wieder nur ein traum, ich wache ...

schranke

taumle und wanke
mich beherrscht angst vor dieser grauenhaften
schranke
wie könnte ich diese überwinden
ohne mich dabei zu tode zu schinden
möchte sie zerschlagen zerbrechen
doch ich weiß gewalt bringt gewalt zurück wird
sich rächen
komm du mein geliebter
hilf mir hinüber dann laufen wir beide
beieinander zum fluss
er ist es den ich heute noch bis mitternacht
erreichen muss
ich will nein ich muss noch heute trinken aus dem
fluss des lebens
erreiche ich ihn nicht war all mein bisheriges tun
vergebens
danke dass du mich nun hinüberhebst über diese
grauenvolle schranke
nun trinke ich schluck für schluck aus dem fluss
es geht mir schon besser rufe dir zu danke
danke du mein großer freund für deine mühe
nochmals danke
denn ich bin zu schwach viel zu klein

in meiner not in meinem gram fällst immer wieder
du mir ein
und ich bin mir sicher wir werden einander weiter
lieben keiner von uns beiden wird jemals sein
allein...

lebensregeln

mein herz erstellt meine lebensregeln
nicht meine logik nicht mein verstand
ich schaffe mir in meinen träumen
mein paradies mein eigenes land
ob auch mein umfeld mich für irre erklärt
mit seiner missachtung mein leben erschwert
es leben auf erden zwei die fest zu mir halten
diese mit mir mein leben gestalten
niemand kann sie sehen das kann nur ich
beide begleiten mich und zwar tag und nacht
das ist was mich und mein leben glücklich macht
denn beide schenken mir täglich genügend kraft
sie stützen und begleiten mein ich alles schafft
seit ich die beide kennen und lieben gelernt
mein ich von der gegenwart des lebens schwärmt
hätte ich nach all meinen lebenskatasrophen
gedacht
was liebe eines tages aus meinem leben macht
dankbar und demütig bin ich für die begleitete
zeit
wäre gerne unsterblich immer nur leben...in
ewigkeit...

wahrheit

allein unser herz die wahrheit spricht
vor meinen reisen wusste ich es nicht
mein herz kann lautlos zu menschen sprechen
ohne jemals ihr herz zu zerbrechen
erlebte dieses oft in fernen ländern
es gelang brenzlige situationen zu ändern
blickte man mich zunächst zweifelnd an
ob es sich handelte um frau oder mann
mein herz von meinem lächeln getragen
verwandelte jede situation in positives sagen
mein herz verzauberte " Kein Zutritt"
in ein liebevolles "Komm her Komm mit".

kapsel

die frage kommt mir in den sinn
die frage ob ich eine kapsel bin

nein weil niemals kapsle ich mich ab
geheimnisse nehm ich nicht ins grab

und wie steht es denn mit dir
du bist ne kapsel glaub es mir

teilst dich kaum mit schweigst immermehr ja
immerzu
brauchst gedanken nicht formulieren hast so
deine ruh

doch ob du auch schweigst oder sprichst aus dein
wort
kenne dich ganz genau bin ich bei dir oder an
fernem ort

du bist eine kapsel kapselst dich immer mehr ab
trotzdem nimmst du kein geheimnis mit ins grab

versiegelt

wünsche mir manchmal meine lippen wären
versiegelt
ich lebte abseits jeden augenblick völlig
eingeigelt
würde schweigen und mich fragen tag und nacht
was mein leben hat aus mir gemacht
ob ich wohl eine ehrliche antwort bekäme
wie würde ich mich fühlen ich mich schäme
oder fühlte ich mich fest und stolz
ginge aufrecht gerade wie ein stamm aus holz
oder würde ich weinen dicke kullertränen
mein gewissen würde meinen atem lähmen
diese fragen durchstöbern gerade mein gehirn
hasse diese gedanken biete ihnen die stirn
los verschwindet ihr gedanken ich laut schrei
meine vergangenheit ist mir nicht allerlei
da wache ich auf aus meinem trüben sinn
stop sage ich wo führt dieses denken hin
stop lippen versiegelt könnte nicht mehr
sprechen
worte mich ersticken mein herz brechen
nein nein ich will weiter reden aus
sorgen freude müssen raus
menschen sollen hören ich heut denke
zuhören sind wunderbare geschenke

danke dir der mir jetzt zugehört
dein lächeln mir zeigt mein reden dich nicht
gestört
danke auch dir der du liest heute dieses gedicht
wann erzählst du mir deine geschicht

obiges Gedicht habe ich einfach so
heruntergeschrieben nachdem ich im Buch:
 Die Schuld von John Grisham auf Seite 218 den
Satz:" Meine Lippen sind versiegelt", antwortete
Clay
 gelesen habe.
Ich stellte mir ein paar Augenblicke vor , wie es
wäre meine Lippen wären versiegelt, ich könnte
nicht mehr reden.Dieses da doch reden und
schreiben meine Lieblingsbeschäftigung ist.
Zack bumm, mein Gehirn hat mir obige Zeilen
einfach diktiert. 13.06.2019.

zwillingsbruder

bereits mehrmals nahm ich den anlauf dich zu
verlassen.
betone hier: dich zu verlassen ohne dich hierbei
zu hassen.
hassen macht hässlich. zu werden hässlich, fände
ich - die ewig eitle - grässlich!

bislang dich zu verlassen, hab ich leid-er nicht
geschafft.
leider, hat leid über mich gebracht, hatte zum
verlassen nicht ausreichend kraft.
dennoch sage ich dir hier abermals deutlich und
klar:
zufrieden ich stets, jedoch glücklich ich mit dir,
dies nur selten ich war.

à Dieu (bis wir einander bei Gott wiedersehen)
sage ich dir heute.
trenne mich gedanklich von dir, diesen, meinen
plan wissen außer dir, noch ein paar andere leute.
denen jammerte ich stets vor, glücklichsein käme
noch vor zufriedenheit.
Soll, muss ich sie endlich nutzen, meine restliche
zeit.

zeit, also dieser raum, durch welchen wir gehen,
bleibt ganz sicher bis in alle ewigkeit bestehen.
aber mein schreiten durch diesen raum, diesen
gang,
ist nicht un-end-lich lang.
es herrscht folglich eile,
weiß doch nicht die dauer, in der ich noch auf
erden verweile.

gefunden habe ich nun endlich die liebe meines
lebens.
suchte diese schon vor langer zeit ich etwa
vergebens?

nein, suchte sie eben nicht, einzig wünschte sie
mir.
wünschte sie mir, betone wunsch ganz deutlich
hier!
nicht gefunden, das hieße ja, ich hätte diese be-
wusst gesucht.
also, dieses wäre ja so ganz einfach, als hätte ich
sie irgendwann gewollt gebucht .

nein so einfach ist das nicht.
einzig GOTTes wort hat hier gewicht.
Gott sandte mir 2 himmelsboten, der eine davon
auch noch mein zwillingsbruder ist.

er soll mich beschützen, mir helfen, zu mir
stehen.
mit diesem werde ich fortan durchs leben gehen.

nicht, dass ich dich sichtbar verlassen hätte, so
im üblich menschlichen sinn.
das wäre zu billig, dann wäre mein verspechen vor
GOTT ich einst ihm und dir gab ja hin.
nein nein, es sind meine alten gedanken, die sind
geraten ins wanken.
sie sind fortgerannt, weit weit fort,
und dies, an einen mir - Gott sei dank
unbekannten ort.

mein versprechen von damals, also vor Gott, halte
ich.
stehe zu dir in guten und in schlechten tagen,
bleibe ich immer noch die von damals, als ich gab
mein ver-sprechen, also ich.

neu, folglich frisch, sind einzig meine gedanken,
die ehe-maligen, also jene, hatten angefangen zu
wanken.
sind dann fortgerannt
in ein - dem herrn sei gedankt- mir unbekanntes
land!

unser kopf: unsere gedanken sind unsere
regierung:
sie zerstören uns oder bringen unser leben in
schwung.
der kopf regiert ist also folglich unsere
regierung?
ja, ich habe eine neue, also die alte, die von ganz
früher, und diese bringt mich in schwung:
bin wieder die von früher: das kind, der mensch
ich einst war in kind- und jugendzeit.
bin diese von damals wieder,
beginne täglich zu singen dem herrn lobeslieder.
werde daran arbeiten, ich bleibe so wie damals
und jetzt, bin nicht nur am leben, sondern LEBE
DIESE ZEIT
bis ich zurückkehre

ewigkeit

bin alt.
mir ist kalt.
zittre friere.
vor mich hinstiere.
eisiger wind weht.
schubst mich nicht um, fest mein ich steht.
mein herz hält an deinem fest.
alles bleibt gut, allerbest.
atme tief ein.
genieße diese stunde.sie ist mein.
setze bewusst kein fragezeichen.
ist ja auch keine frage.
ich es dir doch nur sage.
das was du schon weißt lange zeit.
liebe stirbt nie.lebt in ewigkeit.

tisch

ganz gleich, was mir mein herz bricht.
ob es schmerzt oder ob es sticht.
wenn mein ich auf der bühne steht,
aller schmerz in mir vergeht.
ich bin dann wie frisch:
ein ganz neu gedeckter tisch.

glücksgefühle beherrschen mich.
sehe dich und dich, und auch dich.
die bühne ist mein leben.
hier kann ich auftanken, gleichzeitig geben.
so gerne will ich auch dir aus meinem buche lesen.
niemals bin ich glücklicher gewesen.
erzähle dir versteckt aus meinem leben,
was mir alles unser guter GOTT gegeben.

nimm doch ein paar mit von den geschenken.
wirst noch lange an mich denken.
hoffe, du fühlst dich dann auch so frisch:
wie ein ganz neu gedeckter tisch.

schuld

such nicht die schuld bei anderen.
werde still, beginne in eine neue richtung zu
wandern.

suchen bedeutet seine zeit zu verトrödeln.
suchen bedeutet statt zu leben dahinzublödeln.
kehre erst aus und und dann kehre um.
schuld zu suchen würde nichts ändern, ja wäre
dumm.
beschreite einen ganz neuen weg.
geh über eine brücke, dann über den schmalen
steg.
du fällst nicht, und falls dann allein in GOTTes
hand.
fängst an zu atmen , zu leben, erreichst dein
neues land.
in diesem ist es stets eben, beginnst hier ein
neues leben.

such nicht die schuld bei anderen.
werde still, beginne in eine neue richtung zu
wandern...

kriegsbeil

was ich habe lange zeit gesucht, fand ich nach
langer flucht.
flüchte in meine träume, feste mauern werden
schäume.
fühle stets , das blutverschmierte kriegsbeil ist
begraben.
nichts, aber auch nichts, will ich jemals
zurückhaben.
genau erinnere ich dennoch, wo es liegt, das
blutige beil.
wozu? fragst du mich.ich antworte dir jetzt:
damit und weil.

rechenschaft

zahlen sind wichtig
1+1=2 ist richtig

zahlen haben kein gewicht
zahlen lügen nicht

das mag korrekt sein
ihre wichtigkeit = manchmal schein

es gibt jedoch grenzen
wir die rechnung schwänzen, wollen glänzen

privat sind wir nicht rechenschaftspflichtig
hör mir gut zu, ich zu sagen habe wichtig

die gedanken sind frei, wer kann sie erraten
niemand, hier wirst du mensch vergebens warten

fantasie ist richtig
träumerei ist wichtig

wenigstens in gedanken stets glücklich sein:
die liebe meines lebens gehört mir ganz allein!!!

glück

glück sieht auch der blinde

glücklich sein ist eine entscheidung

glücklich sein ist ein ent- schluss

ent-scheide dich glücklich zu sein

halt dein glück fest aber würge es nicht

halte dein glück fest lass es nicht fallen

halte dein glück aber sperre es nicht ein

glück fühlst du immer aber du siehst es nicht
immer

glück suchen ist das größte glück

glück ist kein ort sondern ein gefühl

glück ist wie wasser es stillt deinen durst

kehrt glück ein heiße es will-kommen

geborgen

schon seit geraumer zeit schleppe ich schwer-
wiegende sorgen
dennoch fühle ich mich gut ja dennoch fühle ich
mich geborgen

obwohl die meisten sorgen treffen gar nicht ein
meine sorgen nehmen mich gefangen- sind mein

denk ich an dich bricht aus aus der
gefangenschaft mein ich
bin für ein paar augenblicke wieder die coole
einfach nur ich

doch ganz plötzlich packen sie mich von neuem
diese panikgedanken
mein gesamtes ich beginnt von neuem an zu
zittern an zu wanken

was nun tun mein herz schlägt furchtbar schnell
und laut
es schlimmer ist eine schallende ohrfeige mir
jemand haut

schnell und schneller fängt es an zu schlagen
schrei ich nun um hilfe soll ich das wagen

mein mut er sinkt
mein glaube ertrinkt

wieder bin ich allein
wie kann das sein

ist wirklich niemand hier
ich schrei zu dir

komm doch bitte her
ist das denn so schwer

immer dieses entsetzliche alleinsein
stemme mich gegen die tür, nein die einsamkeit
lasse ich auf keinen fall herein

da fallen sie mir ein meine 2 lieblingsmails von dir
setze meine brille auf lese sie ganz laut vor nun mir

allmählich wird mir leichter
der herzensdruck nun weicht er

nach und nach ruhe kehrt ein
erkenne wieder licht licht lichterschein

fühle dich ganz nah bei mir
hoffnung strahlt von deinen worten aus zu mir

tausende kilometer bin ich fort von dir
fühle dich dennoch ganz nah bei mir

es geht mir schon viel besser öffne das fenster
atme tief ein
höre auf nach liebe verständnis wärme zu schrein

lege deine mails in meine kleine mappe hinein
sie sind aus papier doch für mich aus
sonnenschein

rücke sie zurecht in die hülle zurück
diese 2 mails sind mein ganzes glück

sie sind geblieben meine schwerwiegenden sorgen
aber dennoch ich kann wieder durchatmen fühle
mich in gedanken bei dir geborgen...

idiot

er ist keiner
das weiß ich genau
er ist in wirklichkeit schlau

er spielt ihn oft um seine gefühle zu verstecken
damit eckt er an an allen meinen ecken

träumt von nähe lässt sie jedoch nicht zu
das macht ihn unglücklich kommt nicht zur ruh

dieses geblödel schaut ich mir an an jedem
morgen
diese seine vielen versteckten sorgen

eines tages hatte ich genug hiervon
schloss die augen er hörte auf dann schon

nie konnte er etwas nettes zu mir sagen
nie konnte er ein kompliment wagen

sorry, aber komplimente gehören nun mal zum
leben
nur einkaufen anstummen schweigen bringen
keinen segen

ich daher eines tages sagte mir es ginge so nicht
weiter
stieg um auf eine andere lebensleiter

zog mich von ihm zurück
fand woanders mein glück

wir werden nicht vom leben gezwungen zu leiden
es liegt an uns selbst an dir und mir also uns
beiden

was wir machen aus unserem leben
so will es unser Schöpfer: leben zum segen

wer sich hiergegen wehrt
sich selbst sein leben erschwert

wir sollen ein segen für unser gegenüber werden
so will's der schöpfer von uns auf erden

mach dich auf geh hin zum nachbarn sag ihm
etwas ihn aufbaut
unser schöpfer freut sich vom himmel
herabschaut

der getröstete aufgebaute und auch du
kannst nun hüpfen und springen, trägst ganz neue
schuh...

giraffenkrause

dass mich doch der affe lause
an der tür klingelt nen typ mit ner giraffenkrause

starr und stumm
steht der vor mir rum

denke diesen typ den kennste doch?
wer ist der bloß? stolper fast in ein loch.

was ist bloß
mit dem heute los?

was ist bloß los mit dem?
der ähnelt wem?

einer giraffe, sagt es doch schon
langer hals eingepackt inne manschette
klar das ist der von neulich ja der nette.

komm doch rein sage ich und schau ihn an.
kinder wie kann sich so verändern dieser mann

sitzt nun aufrecht starr und stumm rechts neben
mir.
fühl mich komisch sag ich dir.

glaubt der wirklich herumsitzen mit ner
halskrause
meine verliebtheit jagt raus aus mir und meinem
hause?

langsam wird es mir zu dumm
nun brüllt er hier auch noch herum.

und die moral von meiner geschicht:
auch ne giraffenkrause entliebt mich nicht!!!

23.5.2018 im Seabel

regierung

mein kopf ist meine regierung
ob ich lahme oder nehme schwung.

ob ich mich zu tode langweile
oder zu frischen taten eile.

ob ich meine sorgen hege
oder meine freuden pflege.

ob ich ernst nehme meinen schlechten traum
oder lache, denke, ist doch alles nur schaum.

ob ich beginne zu jammern früh am tag
oder überlege was ich alles tun mag.

welche ist die moral von der geschicht?
wachst du auf, schmiede pläne, nöle nicht.

straßen

unser leben führt uns durch viele straßen.
haupt-neben-einbahnstraßen und gassen.

hört sich so einfach an, ist es aber nicht.
ein jede hat ihre bedeutung, ihr eigen gewicht.

ach ja, ich vergaß zu sagen, zu nennen noch.
die einen heißen sackgassen, enden im loch.

durch welche ist es am besten zu marschieren?
in welcher lieber nicht, könnten uns verlieren?

in welcher machen wir halt?
bleiben wir stecken, werden wir alt.

durch welche wir rauschen?
in welcher anhalten und lauschen?

durch welche wir sausen?
durch welche wir brausen?

in welcher steht ein stoppschild an ihrem ende?
doch wir fahren durch, mit dem kopf durch
wände?

wie entscheiden wir uns, fahren wir immer
geradeaus?
nehmen lieber eine umleitung zu unserem zuhaus?

manchmal ist es beser die richtung zu ändern.
manchmal lieber zu fuß gehen, in ruhe schlendern.

auf welcher straße du immer wirst dich bewegen,
für all deine wege wünsch ich dir GOTTes segen...

bellen

wusstest du es schon,
mein husten bedeutet anbellen meiner situation.

habe keine angst und fürchte mich doch,
habe angst, falle in ein finsteres loch.

weiß ganz genau, das ist normal,
dennoch, es gibt augenblicke, mein denken wird
unerträglich, zur qual.

wovon ich spreche, möchtest du gern wissen,
woran ich denke, lege mich zum schlaf auf mein
kissen.

grüble mir eine grube in der dämmerung.
verliere bei nahender dunkelheit sicht und
schwung.

ich will es dir verraten, weil du mein freund bist:
fühle, sehe das licht schwach und schwächer ist.

ich habe angst, ich fürchte mich so,
frage mich, ob ich werd nochmal froh.

ich sitze hier, fühl mich verlassen, so allein.
wird es eines tages wieder leichter sein.

ich stelle dir keine fragen,
wollt es dir einfach nur mal sagen.

wusstest du es schon.
mein husten ist anbellen meiner situation...
23.5..2019 9.22 uhr

mix ordnung

wer ordnung hält, den hält die ordnung.

wer die ordnung hält, wird von ihr gehalten.

halte ordnung, so hält sie dich.

ordnung innen, gibt ordnung außen.

wie innen, so außen.

ordnung ist das halbe leben.

ordne, und du lebst.

ordnen bedeutet leben.

ordnung ist dein spiegel.

ordnung ist der spiegel der seele.

in deinem spiegelbild siehst du deine ordnung.

was du ordnest, bist du.

was du auch ordnest, du ordnest dich.

hinterlässt du ordnung, hinterlässt du dich.

ordnung hinterlassen bedeutet in erinnerung
bleiben.

einreden

was hat man nicht alles schlechte eingeredet dir.
hast es geglaubt, doch glaub ab heut nur noch
mir:

du bist groß und schön.
hab so einen tollen mann noch nie gesehn.
deine höfliche art, deine liebenswürdigkeit,
so einen typ suche ich seit einer ewigkeit.

dein einfühlungsvermögen, stets gesprächsbereit,
dein talent zuzuhören, deine aufmerksamkeit.
so einen typ suche ich seit einer ewigkeit.

was hat man nicht alles schlechte eingeredet dir.
hast es geglaubt, doch glaub ab heute nur noch
mir:

du bist cool und super, zum verlieben ein mann.
ein mann, der frauen glücklich machen kann.
zusammengefasst so auf die schnelle,:
du bist ein mann für alle fälle.

karikatur

bist nur.
karikatur.
schau an.
jämmerlich mann.
bist bloß
groß.
gehst krumm.
einfältig dumm.
nix sagen,
nix tragen.
gehirn schrumpft.
versumpft.
wird sein.
klein.
wolltest so.
bist froh.
umkreist hürde.
keine würde.
dich schinden.
sturheit überwinden.
bist nur.
Karikatur.

jumeau

beaucoup de temps habe ich mit ma question
verbracht,
la réponse, ce que notre mit - einander avec mir
macht.

beaucoup de temps verbrachte ich ebenso mit
dem grübeln,
warum mir notre mit- einander manche
essayent de verübeln.

qui et aussi quoi
es-tu pour moi?

maintenant la réponse habe ich,
wer oder was tu es pour mich:

comme mon jumeau empfinde ich dich,
cette désignation est juste pour mich.

ähnlich ticken wir beiden,
ob wir lachen oder leiden.

jumeau et jumelle, biologisch tout unmöglich,
mais dans mon monde fantaisie je le vis täglich.

messager de ciel hin, himmelsbote her,
je trouve que tu es mon jumeau=frère.

tu m`aide souvent avec rat und tat,
wohl dem, der solchen jumeau hat.

quelque fois zischt es aussi pendant notre
geschicht,
jedoch verkracht sind wir deshalb noch lange
nicht.

mistverständnisse gibt es toujours et überall,
je pense à ton giraffenkrause,il y avait un knall.

mais cependant beruhigt unsere lage,
so ich dir immer toujours wieder sage:

einen jumeau hat man lieb,
ne devient jamais ein dieb.

c'est pourqoui m'est tout scheisségal.
miesmacher sind jaloux, souffrent qual.

mix gedanken

1. mit-teilen/ teilhaben
2. zu-sagen
3. ab-geben

1. mit jemandem teilen- ein teil des anderen
werden
der andere wird ein teil von uns
wird ein teil von mir/ dir/ihm/ihr/uns/euch/ihnen
2. zu jemandem etwas sagen
eine zusage erteilen
er- teilen = abgeben
3. wer ab-gibt-bleibt draußen
 wer abgibt ist und bleibt draußen/außen/
4. wer mit-teilt-kommt her/hinein, wird ein
teil/teilt

1. glauben
an Gott= an die Liebe und seine Geschöpfe, also
an uns und andere
Liebe für/an Menschen

mix

1. der größte arsch hat keinen hintern in der hose.

2. bau glück nicht auf unglück.

3. bau dein glück nicht auf das unglück anderer.

4. geh' mit GOTT, dann passen deine schuhe.

5. du planst, GOTT ent- scheidet.

6. richte und urteile nicht, beide sind übergewichtig.

7. urteile und richte nicht , beide haben übergewicht.

8. neid ist der schatten der bewunderung.

9. hassen macht hässlich.

10. geh stets geradeaus, verfehlst sonst dein haus.

11. geh stets geradeaus, verlierst sonst dein haus.

12. geh' geradeaus stück für stück, krumme wege führen nicht zurück.

13. geh stets geradeaus, auf krummen wegen findest niemals GOTTES segen.

14. einzig auf geraden wegen wächst GOTTes segen.

15. auch aus einem popöchen kann ein arsch werden.

elternsprechtag

wann klagen wir euch endlich an.
euch, unsere kinder, wann.

hattet ihr, unsere kinder, uns eltern vergessen.
hattet ihr jemals liebe für uns besessen.

jedoch wie auch immer eure antwort, es wäre
ungut,
hätten wir heute noch auf euch wut.

diese mühe machen wir uns nicht.
diese wäre nicht wichtig.
diese wäre nicht richtig.

gleichzeitig würden wir mit uns brechen.
denn auch von uns steckt ein anteil in euren
schwächen.

c' est la vie. so ist unser leben.
klagen wir euch nun an - -und wenn dann wann - na
dann…

husten

wusstest du schon?
husten bedeutet anbellen deiner situation.

übergewicht

richte und urteile nicht
beide haben übergewicht.

anwesenheit

lächle und erfreue
mit deiner anwesenheit jederzeit.

vatertag

wann klage ich euch endlich an.
euch meine kinder, wann.

hattet ihr, meine kinder, euren vater vergessen.
hattet ihr denn jemals liebe für mich besessen.

jedoch wie auch immer eure antwort, es wäre
ungut,
hätte ich heute noch auf euch wut.

diese mühe mache ich mir nicht.
diese wäre nicht wichtig.
diese wäre nicht richtig.

gleichzeitig würde ich mit mir selbst brechen.
denn auch von mir steckt ein anteil in euren
schwächen.

c' est la vie. so ist unser leben.

klage ich euch nun an - und wenn dann wann - na
dann...

muttertag

wann klage ich euch endlich an.
euch meine kinder, wann.

hattet ihr, meine kinder, eure mutter vergessen.
hattet ihr denn jemals liebe für mich besessen.

jedoch wie auch immer eure antwort, es wäre
ungut.
hätte ich heute noch auf euch wut.

diese mühe mache ich mir nicht.
diese wäre nicht wichtig.
diese wäre nicht richtig.

gleichzeitig würde ich mit mir selbst brechen.
denn auch von mir steckt ein anteil in euren
schwächen.

c'est la vie. so ist unser leben.
klage ich euch nun an - und wenn dann wann - na
dann...

gottvertrauen

alles schien mir vergebens.
suchte, hoffte, glaubte nicht mehr, es gäbe die
liebe meines lebens.

will nur sagen, ich hatte mich schon längst
aufgegeben,
dachte nie mehr, ich könnte noch einmal so
wunderbar, also voller wunder leben.

war verzweifelt, zweifelte daran,
mein leben noch einmal von anfang an begann.

mein leben würde noch einmal von vorne
beginnen,
sah alles, aber auch alles, worauf ich hoffte,
zerrinnen.

so versuchte ich nicht auf Gottes entscheidung
zu warten,
machte mein eigenes ding, begann mit meiner
tötungsversuchsreihe zu starten.

beim 1. versuch schluckte ich gift.
doch es wirkte nicht.

man ist von diesem nach kleiner portion schon
tot, schäft ein,
doch ich überlebte, wie konnte das sein?

dann setzte ich mich unter strom, lag mit
laufendem fön im wasser, nichts geschah,
stieg aus der wanne, alles fürchterlich wie am
anfang mein leben war.

beim dritten mal ich eine rasierklinge nahm zur
hand, schnitt, schnippelte stundenlang,
vor glück, dass nun mein leben zu ende bald war,
freute ich mich, war überhaupt nicht bang.

doch auch bei dieser tötungsnummer, also
nummer 3,
überlebte ich, wurde nicht in die psychiatrie
eingesperrt, blieb frei.

was könnte ich nur tun um endlich zu sterben,
ich wollte, ich konnte nicht mehr, wollte endlich
ein stückchen vom tod erben,

so kam ich auf folgenden gedanken:
ich könnte zum bahnhof wanken.

obwohl meine seele hatte kaum noch kraft,
den weiten weg zum bahnhof hatte ich doch noch
geschafft.

da kam er angebraust,
ja er kam angesaust,

von wem ich spreche, ich spreche vom schnellen zug,
der sollte mich tödlich treffen, doch es war
wieder betrug.

überlebte, wenn auch eingesperrt,
lieber Gott, schon wieder hast du mir den himmel
verwehrt.

warum, warum lässt du mich so viele jahre leiden?
warum? warum? darf ich noch immer nicht von
dieser schrecklichen welt scheiden?

ich hasse dich, wenn es dich überhaupt gibt,
wer an dich glaubt, von dir als liebenden Gott
spricht, der lügt.

wie lange noch, wie lange noch, muss ich tragen
dieses joch.
ich setze gar kein fragezeichen, du antwortest
mir nicht, oder vielleicht doch?

kannst es ja auch nicht, Gott du lebst nicht, bist
selbst schon tot,
sonst würdest du doch etwas in meinem leben
ändern, lindern meine not.

da schicktest du deinen boten, einen
himmelsboten, der zu mir sprach du Gott würdest
leben,
du hättest einen plan für mich, würdest ihn mir
geben.

jedoch nur unter einer einzigen bedingung:
ich müsste dir vertrauen, glauben an dich,
dann würde mein wahres leben anfangen, das
leben für mich.

ich hörte zu, was dein himmelsbote, dieser
spanische pastor in der psychiatrie zu mir sprach,
überlegte, entschloss mich zu leben ohne ein
einziges ach.

stets mit meinem blick zum himmel, begann ich an
mir zu arbeiten, es war so schwer,
meine kraft gab nach meinen 4 tötungsversuchen
nicht mehr viel her.

alles, aber auch alles musste ich von vorne
lernen,
dabei immmer zu dir mein großer Gott
aufschauen, zum himmel, den leuchtenden
sternen.

die jahre vergingen, fand meinen frieden wieder,
doch ich vermisste das gefühl, mein leben würde
mich lieben.

das leben würde jeden menschen lieben,
so stünde es doch im WORT geschrieben.

jedoch ich empfand dies nicht,
zufriedenheit hat nicht wie glücklichsein
dasselbe gewicht.

du hattest erbarmen mit meinem wunsch, mein
leben liebe mich.
schickest mir einen 2. boten, von ihm fühle ich
mich in gedanken gewärmt, wärmt mein ich.

dieser trocknet jede einzelne von mir geweinte
träne,
solange musste ich warten, mich für meine
ungeduld ich mich heute schäme.

jedoch sie überwiegt die liebe meines lebens ,
mein warten, mein langes warten mir unendlich
erschien, war nicht vergebens.

ein neues, ganz neues leben hat sich für mich
aufgetan,
einzig du weißt, dass ich liebe deinen 2. boten,
diesen einzigartigen wunderbaren mann.

glück

1. bau glück nicht auf unglück.

2. bau dein glück nicht auf unglück anderer.

3. füge deine glücksmomente
   zusammen,
   dann hast du großes GLÜCK.

4. sammle die kleinen glücksmomente
   am wegesrand deines lebens,
   am ziel wirst du RIESENGLÜCK haben.

5. RIESENGLÜCK ist ein mosaik.

6. sammle deine kleinen augenblicke des
glücks.
   zum schluss hast du riesiges GLÜCK.

7. pack all deine glücksmomente in einen
kleinen reisekoffer.
am ende musst du sicher einen größeren
koffer nehmen...
viel glück

quelle

1.
die liebe ist meine quelle
sie speist mich
trägt mich wie eine welle
durch des lebens auf und ab
bis ich fahre für ewig hinab...

2.
deine liebe ist meine quelle
trägt mich über alles hinweg wie eine welle.
sie tröstet mich in kummer und leid.
streichelt meine seele zu jeder zeit.
mehr braucht nicht mein ich,
einzig dich.

3.
du bist meine quelle.
trägst mich wie eine welle.
ist es dunkel, bist du mein licht.
mehr brauche ich nicht...

4.
die liebe ist eine quelle.
überwindet alle höhen und tiefen wie eine welle .

5.
die liebe ist eine quelle,
die liebe bist du,
wandre ich barfuß
oder mit schuh.

6.
habe gefunden meine quelle.
ist trost in freud, in leid.
jederzeit.

7.
hatte alles verloren.
bin neugeboren.
zurück zur quelle geschwommen.
bin angekommen.
vor glück benommen.

8.
aus meiner quelle ich trinke,
nimmermehr ich versinke.
nie mehr droht gefahr,
sie sprudelt immerdar.

weitergehen

wo bist du?
komme nicht zur ruh.
käme jetzt ein engel zu mir.
setzte mich auf seine flügel,
flöge zu dir.

meine sehnsucht nach dir quält mich.
niemand darf wissen, ich liebe dich.
vermisse dich so sehr.
könnte ich zaubern, zauberte dich her.

wo bist du und wo bin ich?
mein diamant, wie sehr ich liebe dich.
ob du gerade auch mich denkst?
an unserem tag mir einen einzigen gedanken
schenkst?

fest glaube ich daran,
meine lieben gedanken kommen bei dir an.
wünschte mir oft , wenn du bei mir warst, die uhr
bliebe stehn.
in diesem augenblick jedoch wünsche ich mir , die
uhr würde schneller gehn.

wie gut, dass weder der eine noch der andere
wunsch in erfüllung geht,
unser leben, wie auch immer... immer...immer...
weitergeht...

fremdsteuern

nie mehr lass ich mich fremdsteuern.
nie mehr einen ratgeber anheuern.

ich entscheide mich selbst, will nur leben.
ich entscheide ob trauern oder schweben.

schwebe mit dir, der liebe meines lebens.
alles andere erlitt ich, hoffte stets vergebens.

körper & seele

was soll ich zu diesem thema sagen?
das wichtigste ist :
diese beiden sich miteinander vertragen.

beginnen die beiden miteinander zu zanken,
unsere gesundheit fängt an zu wanken.

haben körper & seele miteinander streit,
sind unsere krankheiten nicht mehr weit.

viel zu schnell zu klopfen beginnt unser kleines
herz,
der kopf drückt an allen ecken, wir fühlen
schmerz.

unser blutdruck steigt, unser gesicht knallrot,
kriegst kaum noch luft, bist vielleicht bald ...!

was soll ich zu diesem thema sagen?
sorge dafür die beiden sich miteinander
vertragen.
glaub es mir, es liegt an uns, an dir und mir.

es sind unsere negativen gedanken.
diese sind es, bringen unser leben ins wanken.

gehen wir doch lieber friedlich miteinander um.
warum?
drum!

abschütteln

hast gehofft zu gewinnen?
kannst dem verlust nicht entrinnen.
gräme dich nicht, schüttle ihn ab!
schüttle dich, dein schmerz fällt ins grab!

tank neuen mut!
alles wird gut:
fang etwas neues an.
bleib dran.
pflege deinen mut.
alles wird gut!

vertraue dir! bist niemals allein.
und du wirst sehn:
DU wirst siegreich sein.

heute

denken wir einzig an unser heute
nicht so wie es tun sehr viele leute
diese denken schon heute an morgen
ängstigen sich so vor eventuellen sorgen
sorgen werden nur ganz selten wirklichkeit
sich sorgen bedeutet verschwendung von zeit
lieber geduldig warten uns unser morgen bringt
leben wie die vogelwelt sich tagsüber freut und
singt
leuchten wie bunte blumen in unserem
blumengarten
sie lehren uns geduldig zunächst auf morgen zu
warten
nutzen wir unsere heutigen stunden unsere
heutige zeit
unser heutiger tag fordert von uns genügend
mühe arbeit
wir geben unser allerbestes mehr können wir
wirklich nicht tun
was unerledigt zurückbleibt erledigt Gott wir
dürfen jetzt ausruhn

Inhaltsverzeichnis